Lario Sinigaglia

LA NEGAZIONE

Youcanprint *Self - Publishing*

Titolo | La negazione
Autore | Ilario Sinigaglia
ISBN | 978-88-91124-10-4

Youcanprint Self-Publishing
Via Roma, 73 – 73039 Tricase (LE) – Italy
www.youcanprint.it
info@youcanprint.it
Facebook: face book.com/youcanprint.it
Twitter: twitter.com/youcanprintit

SOMMARIO

PREFAZIONE

L'argomento del libro è una discesa nella profondità e nell'intelligenza del linguaggio, specialmente del linguaggio naturale.

Ed è anche la proposta di una spiegazione di un aspetto dell'intelligenza naturale, che sembra consistere in un uso appropriato della contraddizione logica.

Ma nulla di tutto ciò potrebbe esistere se non esistesse "la negazione", come il testo tenterà gradualmente di chiarire. La negazione ci è ben nota: è l'operatore logico che inverte il valore di verità di una proposizione come in "non è vero".

Quindi niente che non sia noto ad un bambino parlante, eppure è una scintilla da cui parte un incendio enorme: il vero fuoco di Prometeo.

Si parla di paradossi, ma solo per mostrare l'intelligenza del linguaggio che, mediante il paradosso, segnala un abuso del linguaggio, e di scarto cognitivo. Quest'ultimo potrebbe essere definito lo sfondo ignoto di ogni conoscenza.

Quindi si parla anche di regole generali per il corretto uso del linguaggio, che sovrastano le regole meramente grammaticali. Infatti una proposizione grammaticalmente corretta può essere ugualmente un abuso del linguaggio.

In appendice vi è un breve elenco di testi, utili ad approfondire gli argomenti di cui si tratta. Non una bibliografia ma una semplice guida, basata sull'esperienza di chi scrive.

Infine un consiglio per il lettore: il testo è destinato a lettori non specialisti ed è dotato dei chiarimenti necessari per procedere nella lettura. Tuttavia non si comprende, qui o altrove, tutto e subito. Chi vuole capire tutto prima di procedere, semplicemente non procederà. Si proceda dunque e si comprenderà, se non tutto, certamente di più. Questa modesta ma coraggiosa regola mi ha guidato tanto nelle letture che negli scritti.

CAPITOLO PRIMO

I GEMELLI COGNITIVI

Siano Alfa e Beta due fratelli gemelli straordinariamente uniti nella vicenda esistenziale. Essi formano insieme una unità cognitiva, che non si separa mai, ma che ha diviso al suo interno le proprie funzioni. Essi comunicano utilizzando linguaggi naturali e quindi il loro percorso cognitivo risulta tracciato dai loro colloqui.

Il loro ruolo è diverso: Alfa rileva "fatti", li comunica a Beta, che li registra nella sua memoria.

Solo Alfa ha accesso ai fatti e comunica ogni fatto rilevato a Beta.

Beta registra i fatti come comunicati da Alfa ed eventualmente li elabora operando inferenze di tipo esclusivamente deduttivo, ma non ha accesso ai fatti.

Alfa ha accesso alla memoria di Beta.

L'insieme di ciò che Beta possiede e amministra è l'insieme di credenze della coppia.

Alfa e Beta sono umani e pertanto non tutte le credenze della coppia dipendono da comunicazioni di Alfa, ma esiste un patrimonio originario comunicato dai Genitori, intesi in senso lato. Detto patrimonio originario è stato comunicato per via genetica o per via culturale, supponiamo, per semplicità, una volta per tutte.

La comunicazione genetica ha forma implicita e quella culturale ha forma esplicita.

Una conoscenza implicita è quella che si ha al di fuori della consapevolezza. Infatti i gemelli hanno "maneggiato" oggetti ben prima di conoscere il significato della parola "maneggiare".

Una conoscenza esplicita viene invece conferita utilizzando il linguaggio o esemplificando un comportamento.

Questo insieme di conoscenze originarie, che certamente esiste e che non è in realtà conferito "una volta per tutte" (gli umani sono istruiti per anni, ma anche molte specie animali istruiscono la prole), serve a dimostrare che le ulteriori conoscenze, acquisite dalla coppia cognitiva, hanno natura differenziale. Sono cioè variazioni di un patrimonio iniziale, che la Specie e la Società hanno investito negli individui, che formano la coppia cognitiva.

Questo investimento, nell'ottica della Specie e della Società, spesso è fallimentare. Ma sono sufficienti pochi individui, che ne incrementino il valore, per renderlo un ottimo investimento.

Una logica simile hanno quei fondi che investono nelle cosiddette *start-up*, nuove imprese destinate a realizzare nuove idee: poche hanno successo, ma quelle di successo conseguono utili enormi.

CAPITOLO SECONDO

LE CREDENZE

Osserviamo prima di tutto che si possono avere credenze solo se ritenute vere. Naturalmente Alfa e Beta sono consapevoli di aver avuto anche credenze false, ma ciò che costituisce l'attuale patrimonio di credenze è ritenuto vero.

Alfa e Beta sono, forse inconsapevolmente, seguaci di Popper: ritengono che una credenza sia vera sino a prova contraria, cioè sino a che non si dimostri falsa. A quel punto diventa una falsa credenza e cioè non più credenza. Essi sanno che in passato sono state ritenute esistenti entità che non lo erano, come il sistema planetario di Tolomeo, astronomo dell'antichità che poneva la Terra al centro dell'universo, sicché pianeti e stelle, Sole compreso, vi ruotavano attorno. O come la pietra filosofale ritenuta dagli alchimisti medioevali capace di trasformare ogni metallo in oro.

Anch'essi non credono più in Babbo Natale e hanno dolorosamente appreso che persone, ritenute amiche, in realtà non lo erano; che amanti, ritenute fedeli, non lo erano; che investimenti, ritenuti sicuri, si sono poi rivelati fallimentari.

Ma non per questo hanno cessato di avere credenze.

Infatti com'è possibile vivere senza averne alcuna?

Occorre precisare che le credenze falsificate non per questo cessano di esistere ma si conservano, nella memoria di Beta, classificate come errori ed anche come dolorose esperienze. Esse formano però un particolare patrimonio, chiamato esperienza, che è ritenuto tanto più utile per il futuro, quanto più duramente è stato guadagnato nel passato.

Gli errori sono poi una variegata foresta, di cui ci occuperemo in seguito.

Gli enti e le relazioni, che costituiscono il patrimonio di credenze di Alfa e Beta, sono senz'altro ritenuti esistenti. Essi credono nelle Leggi della Fisica ed anche nella Fortuna, che è ciò che hanno i vincitori del Superenalotto. Sino ad ora essi non hanno avuto Fortuna, cioè essa non ha sino ad ora bussato alla loro porta, ma potrebbe farlo in futuro. La Fortuna esiste, anche se al presente non c'è. La cosa non è strana: essi hanno avuto antenati che ora non ci sono più. Il Malocchio e gli Influssi astrali invece non esistono, non sono una loro credenza ma solo una altrui credenza, che essi sanno essere falsa e perciò chiamano superstizione.

Notiamo che per Alfa e Beta le credenze falsificate sono tutte passate, mentre quelle ritenute vere sono tutte presenti. Quelle future non esistono e non possono esistere, come non esistono i ricordi del futuro. Tuttavia si suppone che esisteranno, anche questa è una credenza, come esisteranno i futuri ricordi.

Anche le credenze sono una foresta variegata che classifichiamo in questo modo:

a) Credenze ontologiche se riguardano l'esistenza di enti e le loro qualità e relazioni;
b) Credenze epistemiche se riguardano i metodi utilizzati per la conoscenza di quanto in a) ed il suo valore.
c) Credenze linguistiche se riguardano i linguaggi che utilizziamo per parlare di quanto in a) e b).

Tutto ciò fa parte dell'umana tendenza alla classificazione, che non nuoce purché non le si dia valore ontologico. Infatti gli enti sono difficilmente separabili dalla conoscenza che se ne ha, mentre il linguaggio e le sue espressioni sono a loro volta enti, di cui tratta il linguaggio, come vedremo.

Infine è vago, se pure esiste, il confine tra credenze e conoscenze, a meno che non si ammetta che "conoscenze" è il nome che si dà alle proprie credenze e "credenze" il nome che si dà alle altrui conoscenze.

CAPITOLO TERZO

I FATTI

Fatto è tutto ciò che modifica il corrente sistema di credenze. Questa definizione mostra che un fatto è relativo tanto ad un sistema di credenze, quanto al tempo in cui si manifesta. Ed ha natura differenziale perché viene costituito in fatto solo perché diverge dalle credenze vigenti ed è perciò diverso da quanto Alfa si attende. Quando rileva un fatto Alfa emette una proposizione, dotata di un *predicato ontologico*. Quanto a dire che Alfa, constatando un fatto, rileva l'esistenza di un ente o di una categoria di enti, o loro qualità, non previsti dal vigente sistema di credenze e pertanto modificativo degli stessi.

Nel nostro esperimento concettuale Alfa emette solo proposizioni ontologiche e le comunica a Beta.

I fatti possono avere natura diversa e sono, per esempio, *accadimenti* se indipendenti dalla coppia cognitiva.

Sono *atti* se compiuti dalla coppia cognitiva come un atto di iniziazione: un esame, un giuramento, una scelta significativa.

Sono *apprendimenti* se hanno valore epistemico e variano le conoscenze della coppia cognitiva.

Anche Beta può emettere proposizioni, ma ciò avviene assai raramente perché, in ogni caso, ciò che Beta dice non può mutare il sistema di credenze della coppia cognitiva.

Beta può emettere infinite proposizioni e tutte rigorosamente *vere* alla luce del vigente sistema di credenze. Ma non le dice perché sono scontate. La vera funzione di Beta è ricordare e talora refutare un fatto proposto da Alfa. Beta è custode di un patrimonio di credenze, di cui tende a minimizzare le variazioni. Alfa tende invece a massimizzare le variazioni e questo è il motivo per cui la cognizione richiede una coppia cognitiva.

Notiamo che i fatti costituiscono un *insieme totalmente ordinato* perché un fatto è relativo ad uno stato delle credenze e questo dipende dal fatto precedente, che l'ha determinato.

In breve: ogni fatto potrebbe essere messo in corrispondenza con un numero ordinale (primo, secondo,…, ennesimo, termine che definisce qualsiasi ordinale successivo) e poiché gli ordinali sono totalmente ordinati dalla relazione " <", che verso destra significa *maggiore* e perciò verso sinistra significa *minore*, allora anche i fatti possono essere ordinati dalla medesima relazione. I fatti così ordinati formano una *successione*, che si dice *totalmente ordinata* poiché, presi a caso due fatti compresi nella successione, uno dei due è *minore* e l'altro è *maggiore*, vale a dire che sono rispettivamente *precedente* e *successivo*.

Notiamo che i fatti si possono totalmente ordinare ma, in generale, non tutti gli enti si possono ordinare in questo modo. Tuttavia spesso l' ordinamento totale è considerato desiderabile, perciò si tenta di applicarlo anche a sproposito.

Si pensi all'elezione di *Miss Italia* ove cento bellissime ragazze devono essere collocate in una successione da prima (Miss Italia) a centesima, in ordine di bellezza. Ma la bellezza dipende anche da movenze, espressioni, eccetera. In breve una giuria di esperti in bellezza muliebre stabilisce votando, con qualche criterio maggioritario, una successione di bellezze tale che, mutando giuria, la successione sarebbe diversa quasi certamente.

Rimane lo sconcerto per tanta bellezza così tristemente esibita, concentrata e pertanto svalutata. Viene collocata centesima colei che desterebbe la piazza di ogni paese.

CAPITOLO QUARTO

GLI ERRORI

«La vita è una successione di errori. Finiti gli errori, finita la vita.», è un aforisma di Ennio Flaiano.

Alfa e Beta si propongono di non commettere errori, per il futuro, ma, se si guardano indietro, devono convenire che le parole di Flaiano hanno una profondità che inquieta.

Una successione di errori suggerisce che il patrimonio originario di credenze contenga degli errori, e non pochi. E ancora: che la parte culturale dell'istruzione di Alfa e Beta non li abbia individuati e rimossi, ma li abbia addirittura confermati ed accentuati.

È vero che la specie umana è giovane, rispetto ad altre specie viventi, tuttavia ha vissuto per centinaia di generazioni. Cioè ha accumulato esperienza sufficiente per individuare eventuali errori del proprio patrimonio di credenze.

La domanda non è nuova e risulta risalire almeno alle tragedie greche del quinto secolo a.C.

Giacomo Leopardi, nel Canto dedicato a Silvia, ancora se la pone.

«..../Che pensieri soavi,/ che speranze, che cori, o Silvia mia!/ Quale allor ci apparia/ la vita umana ed il fato!/ Quando sovviemmi di cotanta speme,/ un affetto mi preme/ acerbo e sconsolato,/ e tornami a doler di mia sventura./ O natura, o natura/ perché non rendi poi/ quel che prometti allor? Perché di tanto/ inganni i figli tuoi?/...».

Perché non solo la natura, ma anche i genitori, successivamente, ingannano i figli?

Alfa e Beta si rispondono che gli errori, che di solito a posteriori sono chiamati illusioni, corrispondono a speranze tradite. Leopardi, ancora:

«../Anche peria fra poco/la speranza mia dolce: agli anni miei/ anche negaro i fati/ la giovinezza. Ahi come,/ come passata sei,/ cara compagna dell'età mia nova, /mia lacrimata speme!/...»

La specie di Alfa e Beta è pur giovane, ma nessuna ebbe maggiori speranze né maggiori delusioni. Però Beta memorizza gli errori, non i successi. I primi, non i secondi, sono esperienza.

Le fiabe, che sono rivolte ai bambini, sono fabbriche di illusioni, sicchè K. Kerenyi, il grande studioso del mito greco, osservò che le fiabe negano ciò che il mito afferma.

Non vi è quindi tra le due narrazioni quella contiguità, che talora si suppone.

Alfa e Beta concludono che gli errori dell'informazione iniziale si possono ben definire illusioni.

Esse di solito sono disastrose per l'individuo, ma sono provvidenziali per la specie, che riceve un prestito, che non rimborserà.

Gli Stati ed i loro esattori fanno altrettanto.

CAPITOLO QUINTO

IL PREDICATO ONTOLOGICO

Quando Alfa comunica un fatto a Beta usa delle secche proposizioni che asseriscono la presenza o l'assenza di enti o che essi hanno o non hanno certe proprietà o relazioni.

Anche la presenza o l'assenza sono proprietà, dopotutto. Ma sono proprietà di ciò che esiste.

Essi non discutono mai di inesistenza assoluta di enti o di proprietà di enti, perché non saprebbero come parlare di qualcosa che non ha qualche tipo di esistenza. Anche una credenza infondata esiste appunto come tale.

Essi quindi osservano il linguaggio che usano per comunicare e precisamente i predicati con rilevanza esistenziale che usa Alfa, che potremmo quindi definire *ontologici*.

Beta invece usa dei predicati che potremmo complessivamente definire *tautologici*, perché non comunicano *fatti* ma implicazioni di fatti precedentemente archiviati.

Ecco quindi il risultato di alcune osservazioni da cui si trarranno conclusioni, cioè fatti.

Essi sono di origine veneta, sebbene abbiano trascorso a Crema, cioè in Lombardia, la gran parte della loro esistenza. Crema è una bella cittadina della *bassa* (sottintesa Lombardia). La *bassa* inizia dalla fascia dei fontanili, ove le acque alpine tornano in superficie perché terminano le ghiaie permeabili, recate a valle da ghiacciai preistorici ed emerge la base della pianura, fatta di argille impermeabili: un antico fondale marino.

La zona che circonda Crema è una florida campagna punteggiata di paesi, in ciascuno dei quali si parlano distinguibili varianti del dialetto cremasco. A nord si avvertono influenze bergamasche, a est bresciane, a sud cremonesi (cioè proto-emiliane) e così via. È una questione di cadenza e di pronuncia più che una differenza di termini e pertanto si avverte anche quando le persone parlano in italiano. Questo coro costituisce l'area linguistica cremasca ed Alfa e Beta, con marcata cadenza veneta, che non sfugge ad alcuno, sono fuori dal coro.

Crema, 34.000 abitanti circa, ha una popolazione tendenzialmente stabile di numero e di fatto: la gran parte è nata a Crema da genitori cremaschi. Quindi non tutti si conoscono, ma almeno conoscono persone che conoscono gli sconosciuti ed i loro genitori e le varie diramazioni parentali. Alcune famiglie in vista sono *conosciute* da tutti.

Se non tutti si conoscono, almeno tutti si vedono, specie quelli che frequentano manifestazioni pubbliche, passeggiano in via Mazzini, dove tutti hanno passeggiato, almeno in gioventù, perché lì ci sono i negozi (un tempo non c'erano ipermercati) e soprattutto perché lì passeggiano le ragazze. È opinione condivisa che sia un bello spettacolo.

Quindi un cremasco che ha sempre visto in giro per Crema persone (come Alfa o Beta) si fa l'attendibile credenza che siano cremasche, specie se hanno un'ascendenza ingannevole nella persona di una zia acquisita cremasca e di un famoso sindaco, con lo stesso cognome paterno, ma neanche lontano parente.

Un giorno Alfa e Beta parlano con un signore cremasco, chiamiamolo Eta, ed egli prontamente osserva: «Ma voi non siete cremaschi!». Li tradisce la cadenza veneta.

Notiamo: "tu non sei cremasco" è ciò che si dice a chi si era in precedenza ritenuto cremasco. Eta infatti è un noto giramondo, che non si è mai sognato di dire ad abitanti di Pechino o di Calcutta che non sono cremaschi, benché ciò fosse perfettamente vero.

Immaginiamo ora che Eta vada nell'Africa centrale e colà si imbatta in un *potadicente*.

Apriamo una parentesi: *pota* è parola utilizzata nella Lombardia orientale. Sicuramente un tempo designava l'organo (sessuale) femminile. Ora non più, almeno a Crema. Forse ancora nel bresciano, ove abitano persone laboriose e cordiali ma un po' *materiali*. Questa caratteristica si mostra nel realismo della pittura lombarda, che manca in quella veneta, come se il Mincio fosse un confine dell'anima.

A Crema, dunque, *pota* non è un intercalare atto a colmare il silenzio come *dunque* o l'inglese *well*, ma è un termine atto ad esprimere qualsiasi sentimento, purché correttamente intonato, cosa che riesce solo ai cremaschi, che quindi possono essere definiti *potadicenti*.

Preciso: anche il termine *cosa* può riferirsi a qualsiasi cosa, ma in mancanza di un cenno ostensivo, non la designa. *Pota* invece non solo designa ma mostra, esibisce e rappresenta qualsiasi sentimento comunicabile e si presta inoltre ad artifici retorici. Infatti *pota* può essere introduttivo/esplicativo, cupamente fatalista, retorico/sarcastico, patetico, iroso, affettuoso, complice, impetuosamente affermativo, dubitativo, apologetico ed altro ancora (vedasi l'apposito studio su wiktionary.org/wiki). Ma solo se si è cremaschi.

Eta quindi si imbatte in un africano, che aveva frequentato a lungo un missionario cremasco, da cui aveva appreso l'uso efficace di *pota*.

Eta quindi corre ad abbracciare l'africano ed esclama: "Tu sei cremasco!", sorpreso di trovarne uno nell'Africa centrale.

Notiamo: *tu sei cremasco* è ciò che si dice a chi in precedenza tale non era ritenuto e non si dice mai ai cremaschi abituali, benché ciò sia perfettamente vero.

Ora dobbiamo riordinare le idee ma non senza aver notato che c'è una analogia tra il processo cognitivo di Eta e quello che sviluppano in coppia Alfa e Beta: l'attenzione è volta all'eccezione, non alla regola.

Inoltre le eccezioni sembrano essere costituite da negazioni particolari interne, per così dire, al predicato. Verrà il momento di affinare il concetto. Per ora osserviamo che Alfa e Beta sono *non cremaschi* in modo diverso dai Pechinesi. Essi sono, in un certo senso, *cremaschi non cremaschi*.

CAPITOLO SESTO

PROPOSIZIONI CATEGORICHE SU ABITI DA SPOSA

Alfa e Beta sono stati invitati ad un matrimonio di giovani sposi. Attendono l'arrivo della sposa sul piazzale della chiesa. Arriva la macchina della sposa, con il ritardo d'uso, lei ne esce lentamente, intralciata dall'abito lungo e dallo strascico. "L'abito non è bianco", osserva immediatamente Alfa. Molti dei presenti bisbigliano la stessa cosa. Effettivamente l'abito è di un pallido celeste invernale, ma questo non sembra avere importanza. Potrebbe anche essere verde chiaro, ma ciò che conta è che *l'abito non è bianco*. È l'abito *non bianco* di una giovane sposa, ma tutte le giovani spose indossano un abito bianco.

Alfa e Beta avevano sentito dire di nozze subacquee e anche di nozze motociclistiche

La giovane sposa indossava la muta oppure la tuta e a nessuno venne in mente che fossero abiti da sposa.

Ma, in questo caso, che cosa regista Beta?

Vi sono infatti due possibilità:

1) Un abito celeste non è un abito da sposa (come non lo è la muta), pertanto nulla modifica le vigenti credenze e quindi nulla si registra.
2) In questo caso l'abito celeste è considerato un abito da sposa. Quindi esiste almeno un abito da sposa celeste e questo è un *fatto* da registrare.

Tuttavia questo non è solo un fatto, che possa essere isolato, come un infettivo, in una quarantena.

Infatti "Tutti gli abiti da sposa sono bianchi" e "esiste almeno un abito da sposa non bianco" sono due proposizioni che, prese assieme, sono contraddittorie.

La "e" posta tra le due proposizioni è una congiunzione logica con segno"∧", il cui significato è che le due proposizioni hanno un valore di verità congiunto e, in questo caso, il valore è *vero* solo se sono vere entrambe le proposizioni congiunte. Ma, in questo caso, non possono essere vere entrambe le proposizioni.

(Nota: due proposizioni congiunte con segno "∨", la disgiunzione logica, hanno valore *vero* se almeno una delle due è vera. La negazione, con segno "¬" inverte il valore di verità di una proposizione e quindi trasforma il valore *vero* nel valore *falso* e viceversa)

Il fatto che questa sia la logica naturale è dimostrato dal fatto che i presenti hanno detto: *l'abito da sposa non è bianco* (come atteso, come avrebbe dovuto essere) e non: *l'abito da sposa è celeste*. Infatti che sia celeste o verde pallido è irrilevante. Un colore più deciso avrebbe creato maggiore sconcerto. Il colore nero non sarebbe stato accettato. La madre dello sposo sarebbe venuta meno, molti invitati se ne sarebbero andati.

Osserviamo quindi che abiti color pastello possono essere *non bianchi*, mentre un abito nero è nero e basta. È un abito luttuoso, quello che la sposa potrebbe, anzi dovrebbe, indossare al funerale del marito.

Ma torniamo a Beta. Se Beta sceglie la seconda possibilità, cioè: *esiste almeno un abito da sposa celeste* è costretta a modificare la credenza *tutti gli abiti da sposa sono bianchi* nella credenza *tutti gli abiti da sposa sono bianchi o celesti*.

Notiamo che Beta ha quindi un compito di selezione dell'informazione, che non avevamo compreso, dapprima. Ella elimina ogni contraddizione dalle sue credenze, ma ha due modi per farlo e cioè:

1) Nega che l'abito celeste sia da sposa;
2) Modifica ed estende il concetto di abito da sposa agli abiti da sposa celesti.

Nel secondo caso cambiano le credenze della coppia cognitiva, ma cambia anche il mondo. Infatti al prossimo matrimonio, se la giovane sposa avrà un abito celeste, questo non sarà certamente un fatto.

Quindi Beta elimina le contraddizioni, che sono eventualmente insite nei concetti (intensioni), generando solo estensioni non contraddittorie. Ma Beta ha due modi per farlo dei quali uno è conservativo ed uno modificativo delle credenze.

Limitiamoci, per ora, a notare che, mentre le estensioni sono definite rigidamente, le intensioni sono invece intrinsecamente duttili ed è questa caratteristica che consente la scelta di Beta.

Consente ma non vincola: infatti la scelta di Beta è arbitraria, sebbene influenzata dalle consuetudini familiari e sociali (che possono essere reciprocamente divergenti).

Ammettiamolo: non avevamo compreso che la silente Beta fosse così importante.

CAPITOLO SETTIMO

PREDICATI PROBABILISTICI

Alfa e Beta non hanno solo credenze ma anche conoscenze di natura diversa. Come congetture, ipotesi, valutazioni. Si tratta di conoscenze incerte perché riguardano stati di cose mal conosciuti o addirittura inconoscibili perché inaccessibili nel presente e, maggiormente, se collocati nel passato o nel futuro.

Si tratta di quel tipo di conoscenze precedute da avverbi come *verosimilmente* o *probabilmente* in frasi di tipo ipotetico.

Un fatto spiacevole li conduce a queste considerazioni.

Essi allevano in un piccolo pollaio domestico quattro gallinelle ovaiole, cui sono affezionati, che forniscono uova di giornata alla loro cucina: Altea, Berenice, Calipso e Dafne

Una mattina, entrando nel pollaio, Alfa esclama: ”Manca una gallina!”

Infatti ve n'erano solo tre nel pollaio.

C'era un buco sotto la recinzione, scavato presumibilmente dal ladro. Non certo dalla gallina, di razza ovaiola padovana.

Ma chi era il ladro? Una volpe? Un cane? Forse il loro stesso cane Fido?

Sarebbe Fido un ladro o almeno guardiano ignavo?

Un fatto comunque era assodato: la loro credenza di avere quattro galline si era dissolta davanti al fatto che le galline ora erano tre. Ed anche di questo non si poteva essere certi per l'indomani, dato che era all'opera un ladro, la cui identità non era stata per ora accertata.

Ma che significa: *manca una gallina*? Nel bagno di casa non ve n'era alcuna eppure nessuno aveva mai detto che ne mancasse una e tanto meno quattro.

Quindi solo nel pollaio possono esserci o mancare le galline. Inoltre, se le galline sono quattro, non ne possono mancare più di quattro. Ma che differenza c'è tra un pollaio con tre galline ed uno con quattro galline, di cui una è mancante?

Alfa e Beta si risolvono ad escogitare una notazione adatta a rappresentare la loro vicenda.

Dette **"a, b, c, d"** le quattro galline (dalle iniziali dei loro nomi), essi avrebbero dovuto fare le ipotesi che seguono:

1) Ci sono tutte e cioè: {a,b,c,d}. Le parentesi graffe indicano che le galline sono elementi di un *insieme*, che, nel pensiero, ha la stessa funzione del pollaio: le contiene. In pratica il pensiero di un recinto contiene pensieri di galline.

2) Ne manca una e quindi, siccome può mancare ciascuna delle quattro galline, possono presentarsi queste situazioni: {b,c,d}, {a,c,d}, {a,b,d}, {a,b,c}.

3) Ne mancano due e quindi: {a,b}, {a,c}, {a,d}, {b,c}, {b,d}, {c,d}.

4) Ne mancano tre e quindi ne resta una sola delle quattro : {a}, {b}, {c}, {d}.

5) Mancano tutte: (Diavolo!) e poi come si scrive? *Zero* non va bene. Anche in bagno ci sono zero galline eppure non ne manca alcuna. E quindi Alfa e Beta scriveranno: {Øa, Øb, Øc, Ød}. Il simbolo "Ø" indica *mancanza*, la quale viene specificata accostando a destra il nome della gallina mancante.

Con facile estensione dell'uso di "Ø", i nostri lo inseriscono anche in tutti gli altri insiemi in cui mancano galline (per esempio {a,b,c,Ød} nell'insieme in cui manca Dafne, la gallina rubata). Ma non lo inseriscono nell'insieme in cui ci sono tutte le galline, che chiameranno per questo motivo **insieme di riferimento**, che è quello, rispetto al quale, si misurano le mancanze.

Alfa e Beta ormai sono ben avviati e consultano un manualetto di calcolo delle probabilità dove scoprono che la probabilità dell'evento composto da due eventi indipendenti è il prodotto della probabilità di ciascuno (lancio una moneta: la probabilità di ottenere *testa* è di ½, cioè 50%, pertanto la probabilità di ottenere due volte *testa* in due lanci è ½ x ½ = ¼).

Essi stimano (in prima approssimazione) che la probabilità del furto di ciascuna gallina sia del 50% (cioè ½) ogni notte e che ciascun furto sia un evento indipendente dagli altri (nel manuale è scritto *stocasticamente indipendente*!).

Essi sanno che, entrando nel pollaio l'indomani non potranno più avere l'ingenua credenza di trovarvi quattro galline, ma dovranno constatare una (e solo una) delle sedici situazioni prospettate in precedenza, ciascuna delle quali è composta da quattro eventi elementari (ciascuna gallina c'è o non c'è), ognuno dei quali ha la probabilità-prodotto delle quattro probabilità elementari e cioè ½ x ½ x ½ x ½ = 1/16. Essi chiameranno questo insieme esaustivo di eventi: **spazio degli eventi**.

E, per precisione, i calcoli valevano per ieri, dato che oggi Dafne è già mancante.

(Si vedrà in seguito che lo spazio degli eventi è una delle interpretazioni di un aggregato che definiremo **Ur**, cioè **universo relativo ad una proprietà**).

Ohibò! Ci sono 16 eventi, a ciascuno dei quali spetta probabilità 1/16, pertanto la somma delle probabilità è uguale ad 1. Questo "**1**" ricorda loro quel 100% di probabilità, che attribuiscono al fatto certo. Non è un caso: infatti i 16 eventi esaminati sono tutti gli eventi possibili e pertanto uno di essi si verificherà e su di esso collasserà l'intero castello delle probabilità, poiché diventerà l'unico evento certo (probabilità 100%, cioè **1**) dei sedici eventi possibili ipotizzati.

Esistono anche eventi con probabilità **0%**? Certo: quelli impossibili, come rubare cinque galline se ce ne sono solo quattro.

Alfa e Beta iniziano ad avere il pensiero inquietante che ad ogni loro aspettativa (e perciò credenza) dovrebbe essere associata una probabilità.

È forse possibile che Fido non faccia loro festa, rivedendoli?

Non possono crederlo.

Essi notano che il collasso delle ipotesi reciprocamente incompatibili e complessivamente esaustive in un solo fatto realizzato vale anch'esso ad eliminare la contraddizione che esiste congiungendo le ipotesi, che formano lo spazio degli eventi (infatti le galline ci sono oppure mancano!).

Quindi esiste una analogia tra il predicato che asserisce l'avveramento di un fatto *aleatorio* (significa *incerto*) e il non avveramento degli altri fatti aleatori, che costituivano lo spazio degli eventi, e quei predicati che eliminano la contraddizione dalle proposizioni esaminate al capitolo 6).

Ma mentre quelli eliminavano la contraddizione dalle proposizioni, questo elimina la contraddizione dagli eventi.

Le prime potrebbero essere definite contraddizioni del soggetto e cioè soggettive, mentre le seconde potrebbero essere definite contraddizioni di eventi e perciò oggettive.

Ma anche contraddizioni *intensionali* le prime e contraddizioni *estensionali* le seconde.

Quale la relazione tra le due contraddizioni?

Si potrebbe così sintetizzare: l'eliminazione delle contraddizioni intensionali è primaria, poiché individua i fatti che potenzialmente possono sussistere e pertanto sono compresi in uno spazio degli eventi. Successivamente i fatti possibili collasseranno in un fatto realizzato e verrà eliminata la contraddizione estensionale.

Lo sfondo cognitivo

L'eliminazione della contraddizione intensionale implica lo scarto di una verità attuale o potenziale, di cui il soggetto non terrà conto in futuro e costituirà il suo **sfondo cognitivo**.

Tale scarto è legittimo e valido solo se la verità scartata è irrilevante.

CAPITOLO OTTAVO

CONCETTO E NEGAZIONE ENDOCONCETTUALE

LE PROPOSIZIONI CATEGORICHE

È ora opportuno riflettere sulle esperienze di Alfa e Beta.

Lo faremo utilizzando un vecchio ma valido strumento di Aristotele: le proposizioni categoriche. Esse affermano che, data una categoria di individui, **per ipotesi esistenti**, *ognuno* ha una certa caratteristica oppure *nessuno* ce l'ha. E anche che *alcuni* (con significato di *almeno uno*) hanno una certa caratteristica o, in alternativa, non ce l'hanno.

1) Proposizione universale affermativa: "tutti gli individui di tipo **s** hanno la proprietà **B**".

E formalmente: $\forall x \, [s(x) \to B(x)]$.

"**x**" è una variabile individuale, "**s**" un tipo di individui, "**B**" è una proprietà.

Nell'interpretazione che ci interessa **s** rappresenta *abiti da sposa* e **B** la proprietà di *essere bianco*, che è (per Alfa e Beta) caratteristica di ogni abito da sposa.

La formula rappresenta il linguaggio naturale ed i segni "$\forall$" *e* "$\exists$" significano rispettivamente "per ogni" ed "esiste almeno uno" riferito alla variabile (nell'esempio "x") e si definiscono "quantificatore universale" e "quantificatore esistenziale" . Precisiamo però che la traduzione letterale della formula è: *ogni individuo s ha la proprietà B* e che emergerà in seguito l'importanza di questa differenza tra il linguaggio naturale e quello formale.

Esemplificando nel linguaggio naturale: *tutti gli abiti da sposa sono bianchi.*

Notiamo che i quantificatori trasformano una forma proposizionale in una proposizione e che solo la proposizione, se interpretata, ha un significato e quindi può essere vera o falsa.

2) Proposizione universale negativa: "nessun individuo di tipo **s** ha la proprietà **B**".

Formalmente: $\forall x \, [s(x) \rightarrow \neg B(x)]$.

Osserviamo che la proposizione universale negativa dovrebbe essere così tradotta dalla formula: *ogni individuo **s** ha la proprietà **non B*** . Ma il linguaggio naturale normalmente interpreterebbe così: *nessun abito da sposa è bianco.*

Si vedano ora le proposizioni particolari.

3) Proposizione particolare affermativa: " Qualche individuo **s** ha la proprietà **B**".

Formalmente: $\exists (x)[s(x) \wedge B(x)]$.

Traduzione della formula: *Esiste qualche* (almeno uno) *individuo **s** che ha la proprietà **B**.*

L'interpretazione dice: *qualche abito da sposa è bianco.*

4) Proposizione particolare negativa: " qualche individuo **s** non ha la proprietà **B**".

Formalmente: $\exists(x)[s(x) \wedge \neg B(x)]$.

Traduzione della formula: *esiste qualche* (almeno uno) *individuo **s** che ha la proprietà **non B***, che si interpreta: *qualche abito da sposa non è bianco.*

I logici medioevali denominarono le proposizioni affermative 1 e 3 rispettivamente "A" ed "I" da : **AFFIRMO** e le proposizioni negative 2 e 4 rispettivamente "E" e "O" da: **NEGO**. L'Uso si è conservato e pertanto lo faremo nostro.

Ci interessa congiungere le proposizioni di tipo A ed O (1 e 4) e quelle di tipo E ed I (2 e 3) e cioè: **A∧O** e **E∧I**, che sono dette **reciprocamente contraddittorie**.

(il segno "∧" è la congiunzione logica tra due proposizioni; pertanto forma una terza proposizione che è vera se entrambe le proposizioni sono vere).

Le proposizioni reciprocamente contraddittorie hanno questa notevole caratteristica: se una è vera allora l'altra è falsa (e viceversa). Pertanto la loro congiunzione è una **contraddizione**, cioè una frase che è, nel suo complesso, sempre falsa, qualsiasi siano gli individui **s** e le proprietà **B**.

Per diretta conseguenza la loro disgiunzione (A∨O e E∨I) è sempre vera ed è perciò una **tautologia**.

(Il segno "∨" è la disgiunzione logica tra due proposizioni; pertanto forma una terza proposizione, che è vera se almeno una delle due proposizioni è vera. Gli esempi chiariranno il concetto)

Formalmente:

$$A \wedge O = \forall x\,[s(x) \rightarrow B(x)] \wedge \exists x\,[s(x) \wedge \neg B(x)]$$

La proposizione (A∧O) viene definita "PAT" cioè "predicato affermativo totale", mentre (E∧I) viene definita "PNT" cioè "predicato negativo totale".

Traduzione: *"Ogni individuo **s** ha la proprietà **B** <u>ed</u> esiste almeno un individuo **s** che ha la proprietà **non-B**.*

(Per semplicità non ci occupiamo per ora di (E∧I) dal momento che l'argomentazione di seguito sviluppata per (A∧O) sarebbe analoga per (E∧I). Inoltre le proposizioni affermative sono più frequenti di quelle negative)

Si tratta evidentemente di una proposizione contraddittoria. Per comprenderne la natura occorre che esaminiamo la sua estensione.

Definiamo **{B}** l'insieme di tutti gli individui **s**, che hanno la proprietà **B** e definiamo **{ØB}** l'insieme di tutti gli individui di tipo **s** che hanno la proprietà **non-B**.

Esistono le seguenti relazioni:

a) $\{B\} \cup \{ØB\} = \{B\}$ e
b) $\{B\} \cap \{ØB\} = \{ØB\}$

Evidentemente se **tutti** gli individui di tipo **s** hanno la proprietà **B**, non ve n'è alcuno che abbia la proprietà **non-B** e cioè {B} e {ØB} non hanno alcun elemento in comune, dato che {ØB} è un insieme vuoto. Tuttavia, nell'interpretazione che ne daremo, {ØB} non è un insieme banalmente vuoto, ma un insieme in cui mancano tutti gli elementi che sono presenti nel suo insieme di riferimento, cioè in {B}.

Quindi l'unione di {B} con l'insieme vuoto {ØB} dà come risultato l'insieme {B} mentre l'intersezione di {B} con l'insieme vuoto {ØB} dà come risultato l'insieme vuoto. Questo risulta rispettivamente da a) e b).

(I segni "U" e "∩" indicano rispettivamente l'unione e l'intersezione insiemistica, operazioni attuabili su insiemi. L'insieme risultante dall'unione contiene [una sola volta] ogni elemento contenuto nell'uno o nell'altro degli insiemi uniti. L'insieme risultante dall'intersezione contiene [una sola volta] ogni elemento contenuto in entrambi gli insiemi intersezionati)

Ritorniamo dunque a PAT che è una proposizione contraddittoria in quanto risultante dalla congiunzione di due proposizioni che si contraddicono a vicenda, quindi non possono essere entrambe vere, e diamole un senso.

PAT afferma che ogni individuo di tipo **s** ha la proprietà **B** e che esiste almeno un individuo di tipo **s** che ha la proprietà **non-B**.

Noi sosteniamo che PAT afferma (predica) una proprietà di **ogni** individuo **s** nella prima parte (la proposizione universale affermativa) e una proprietà di **tutti** gli individui **s** nel suo complesso, affermando cioè che esistono individui (almeno uno) di tipo **s** che hanno la proprietà **non-B**.

Ma appena interpretiamo comprendiamo che questo è solo un altro modo di dire che **esistono abiti da sposa non bianchi**. E che proprio la contraddizione esibisce la potenza semantica del linguaggio naturale.

PAT esiste, ma dura poco, come una particella di antimateria capitata in un universo di materia, ben presto si annichila, in un lampo di luce. Quel lampo è però ciò che ci mostra che la mente umana non agisce ricorsivamente ed è perciò diversa da una macchina (benché una macchina, cioè un *computer*, abbia spesso prestazioni superiori a quelle della mente nei compiti ricorsivi, cioè *meccanici*, che le sono propri).

LA DECISIONE: ELIMINAZIONE DELLA CONTRADDIZIONE DI "PAT"

Ritorniamo alla coppia cognitiva.

Quando Alfa annuncia: " il vestito della sposa non è bianco", Beta ha due alternative:

I. Beta, basandosi sul sistema di credenze vigente, cioè *tutti i vestiti da sposa sono bianchi*, **deduce** che *il vestito celeste, che la sposa indossa,* **non è un vestito da sposa**. Questa scelta, che possiamo definire conservativa, perché conserva le credenze vigenti, implica che l'annuncio di Alfa, *il vestito della sposa non è bianco*, non riguarda un *fatto*.

A suo tempo avevamo stabilito che Alfa dovesse annunciare solo *fatti*, tali essendo solo quelli atti a modificare il vigente sistema di credenze. Pertanto Alfa non avrebbe dovuto annunciare alcunché e Beta, colei che di solito tace, informa Alfa in questo senso.

Pertanto Beta decide che PAT debba essere interpretata nel senso che la seconda parte della formula sia: $\nexists x \, [s(x) \wedge \neg B(x)]$ e cioè PAT diventa:

$$\forall(x)[s(x) \rightarrow B(x)] \wedge \nexists(x) \, [s(x) \wedge \neg B(x)]$$

(il segno "$\nexists$", cioè il quantificatore esistenziale sbarrato, nega il quantificatore e significa *non esiste alcun x*. L''uso della barra è frequente anche in altri casi e di significato intuitivo).

Denomineremo questa formula "P1"(predicato primo).

Traduzione: *Ogni **s** ha la proprietà **B** e non esiste alcun s che abbia la proprietà **non-B**.*

E interpretando P1 si può concludere: : *Tutti gli abiti da sposa sono bianchi e non esiste alcun abito da sposa che non sia bianco.* Pertanto siamo ricondotti a situazione analoga a quella delle spose che indossano la muta da sub o la tuta da motociclista.

II.   Beta accetta che Alfa abbia comunicato un fatto. In questo caso il fatto è esattamente quello comunicato nella seconda parte di PAT, ovvero che *esiste almeno un abito da sposa che è non bianco* ed è precisamente l'abito celeste, che la sposa indossa. Notiamo che l'abito *non bianco* non è un abito di qualsiasi colore diverso dal bianco, bensì un abito il cui colore sia tale da essere accettabile per un abito da sposa. Dall'esempio fatto nel capitolo 6) avevamo concluso che, forse, qualsiasi colore pastello sarebbe accettabile per un abito da sposa e potrebbe essere quindi *non bianco*. Ma un colore violento non sarebbe accettabile e, in particolare, il colore nero non è concepibile poiché è colore luttuoso ed è pertanto impossibile che un abito da sposa sia nero, dato che il matrimonio è un evento festoso.

Ma anche in questo secondo caso la contraddizione di PAT deve essere risolta, poiché la nostra mente elabora le contraddizioni e, ciò facendo, le elimina. Le contraddizioni esistono, ma solo prima della formazione della proposizione. La formazione della proposizione consiste infatti nella eliminazione della contraddizione.

In questo caso Beta modifica le proprie credenze e, **d'ora in poi**, riterrà che *gli abiti da sposa siano tutti* *bianchi o celesti*. Ma è evidente che essere *bianchi o celesti* è proprietà diversa da *essere bianchi*. Pertanto se *essere bianchi* era la proprietà denominata **B**, la nuova proprietà potrebbe essere denominata **B ∨ C** cioè *bianco o celeste*.

Dopo questa interpretazione PAT diventa:

$$\forall(x)\{s(x) \rightarrow [\, B(x) \vee C(x)\,]\}$$

Che definiamo P2 (predicato secondo).

(il segno "∨" indica disgiunzione, cioè la proprietà *bianco o celeste*, mentre il segno "∧" indicherebbe la proprietà *bianco e simultaneamente celeste*, che è contraddittoria, cioè non esistente)

Vale la pena di fare alcune osservazioni:

A. P1 e P2 sono proposizioni che definiscono le proprietà di due insiemi di abiti da sposa. Gli insiemi, che sono le estensioni delle proposizioni, sono diversi (cioè {B} e {B∪C}) perché diverse sono le proprietà (B e B∨C) che li definiscono. Detti insiemi contengono ogni individuo di tipo **s** che abbia le proprietà **B** o **B∨C**. Ma *ogni* individuo non significa *tutti gli individui*. Esiste una intensione che coglie *tutti* gli individui ed è precisamente PAT, la cui estensione non è un insieme ma un **Ur, ovvero l'aggregato che contiene tutti gli individui che abbiano le proprietà B e non-B**, come si vedrà in seguito.

B. La formula PAT è contraddittoria ed altrettanto è l'aggregato Ur perché contiene insiemi che sono reciprocamente incompatibili. La natura di detta incompatibilità verrà meglio chiarita in seguito, ma è analoga a quella già vista nel cap. 7) a proposito di predicati probabilistici. Infatti colà un Ur era l'aggregato contenente tutti gli eventi possibili, ma, nell'esempio in questione, ciascun evento era incompatibile con ogni altro evento. Quindi l'aggregato Ur degli eventi possibili poteva collassare solo in uno degli eventi possibili. L'analogia con l'Ur, che è la rappresentazione di PAT, consiste in questo: **PAT può collassare solo in uno dei predicati che abbiamo definito P1 e P2.**

E quale dei due sia dipende da una scelta arbitraria di Beta. La scelta è arbitraria perché non dipende da credenze acquisite o da regole del linguaggio o da regole della logica. Dipende invece da **scelte di valore** che sono personali di Beta, eventualmente accettate/acquisite dal proprio gruppo sociale. Se si desidera rendere PAT non contraddittoria occorre associare a ciascuna delle proposizioni elementari di cui è composta una percentuale, compresa tra 0 e 1 e tale che la somma delle due percentuali sia "1". Ma cosa misurano intuitivamente le percentuali? Ovviamente Alfa e Beta devono scegliere tra P1 e P2, dato che non vi è alcuna via di mezzo. Altrettanto dovrà fare ciascun invitato al matrimonio. Ma non tutti sceglieranno allo stesso modo. Quindi le percentuali associate a ciascuna proposizione PAT indicano il modo in cui si ripartisce il giudizio degli invitati sul fatto che l'abito, che la sposa indossa, sia o non sia un abito da sposa. Se gli invitati fossero interrogati in merito, una certa percentuale sceglierebbe P1 ed un'altra P2 (% P1 + % P2 = 100%). Dette percentuali, se fossero state valutate correttamente a priori, sarebbero state attribuite a ciascuna delle due proposizioni che compongono PAT, e PAT stesso potrebbe essere interpretato come una previsione di opinioni. **Ma è ovvio che la possibilità stessa della divergenza di opinioni risiede nel fatto che esiste PAT ed è composto dalla congiunzione di due proposizioni contraddittorie.**

C. P1 lascia invariate le credenze di Beta. Ma invece P2 muta le credenze di Beta e pertanto P2, se sussiste, è necessariamente successivo a P1 in senso ordinale.

Ma la successione ordinale può ben essere interpretata come successione temporale. Nella successione dei predicati, cioè delle credenze vigenti (delle visioni della realtà), cogliamo forse la natura elusiva del tempo. Quella che gli orologi non colgono. Infatti ciascun sistema di credenze vigenti contiene ogni sistema di credenze precedente, benché parzialmente o totalmente falsificato. Dopotutto abbiamo memoria e facciamo esperienza. Ne riparleremo.

D. Negazione **endoconcettuale** si contrappone a negazione **esoconcettuale**.

Ci sono quindi due negazioni: una interna al concetto ed una esterna.

Esemplifichiamo: nell'esempio dato l'abito celeste è *non bianco* ma è tuttavia un abito da sposa, nell'interpretazione di P2.

Mentre l'abito celeste non è un abito da sposa nell'interpretazione di P1.

NEGAZIONI ESOCONCETTUALI ED ENDOCONCETTUALI.

Non esiste in pratica l'estensione della negazione di un concetto. Quanto a dire, dato un concetto qualsiasi, la sua pura negazione, cioè l'insieme di oggetti che **non** *hanno la proprietà che definisce i membri di un insieme* costituisce un aggregato così tenue, da non avere rilevanza pratica.

Utilizzando l'esempio precedente, il predicato P1 non colloca l'abito celeste in un assurdo insieme degli oggetti che sarebbero *non abiti da sposa* e pertanto potrebbe contenere così scarpe come carri armati, ma colloca l'abito celeste nel molto più utile insieme degli abiti da donna, che non sono da sposa. Ove in effetti è sempre stato: in questo infatti consiste la scelta conservativa di P1.

Il predicato P2 invece estende l'insieme degli abiti da sposa e restringe l'insieme degli abiti da donna, che non sono da sposa. È cioè una ricollocazione di elementi all'interno dell'insieme degli abiti da donna.

Ma, dal momento che l'insieme in esame era quello degli abiti da sposa, allora P1 nega che l'abito celeste ne faccia parte (negazione esoconcettuale), mentre P2, ammettendo l'abito *non bianco* di colore celeste tra gli abiti da sposa, costituisce una negazione endoconcettuale, relativa all'insieme degli abiti da sposa.

Ora, mentre un insieme è definito, un concetto, per sua natura, non lo è perché possiede a priori delle potenzialità di ampliamento o di riduzione, come quelle testè esaminate.

L'operazione di riduzione è semplice, poiché si tratta di escludere dall'estensione del concetto elementi noti, che in precedenza ne facevano parte.

L'operazione di ampliamento è invece complessa, dal momento che si tratta di inserire nell'insieme estensione del concetto degli elementi, che sono indeterminati e che, addirittura, potrebbero non esserci affatto.

In breve qualsiasi concetto ha delle potenzialità che non ha, e non deve avere, qualsiasi insieme. In estensione tali potenzialità sono ben rappresentate dall' "insieme vuoto" , qualora gli si attribuisca la capacità di rappresentare quegli elementi di un insieme che "mancano" rispetto ad un insieme di riferimento. Cioè quelli che sono presenti nell'insieme complementare, rispetto all'insieme di riferimento.

Anche l'insieme di riferimento ha un suo complemento e si vuole che un tale complemento sia costituito dagli elementi mancanti all'insieme di riferimento, cioè dalla mancanza di tutti gli elementi dell'insieme di riferimento.

Cioè da un insieme vuoto di elementi e colmo di tutte le mancanze.

Questo concetto non è strano, anzi è usuale, sol che si pensi all'esempio del bagno e del pollaio di Alfa e Beta di cui al cap. 7).

La gallinella rubata non c'è nel pollaio e non c'è nel bagno. Ma nel pollaio manca mentre nel bagno non manca. Pertanto nel pollaio **c'è** una gallina mancante, per esempio Dafne, che abbiamo contrassegnato con {Ød}.

Il passo successivo consiste nel rappresentare mediante l'insieme vuoto non solo la mancanza degli elementi *attualmente presenti* nell'insieme di riferimento, ma anche la mancanza di quelli *potenzialmente presenti* nell'insieme di riferimento, qualora si decidesse di ampliare la proprietà, che lo definisce, o si dovesse farlo..

Per quanto detto l'insieme vuoto rappresenta una potenzialità.

Alcune potenzialità sono prevedibili, come il *successore* di qualsiasi numero ordinale. Altre potenzialità sono imprevedibili.

A sua volta l'imprevedibilità può avere natura *esistenziale* o *quantitativa.*

Nel primo caso è imprevedibile l'esistenza stessa di un nuovo elemento, nel secondo caso solo la sua dimensione, comunque sia misurata.

L'aggregato che rappresenta la proprietà e le sue potenzialità (cioè ogni affermazione ed ogni negazione endoconcettuale) si definisce **Ur**, cioè **Universo relativo** e verrà meglio esaminato in seguito. Per ora vale la pena di osservare che nell' aggregato è contenuto l'insieme complemento di ogni elemento contenuto.

IL CONCETTO E LA PROPRIETÁ

Precisiamo ora che relazione vi sia tra *concetto* e *proprietà*: il concetto individua la proprietà e la designa, ma non è la proprietà, bensì solamente il suo nome. Il concetto quindi rende *trattabile* la proprietà, che in sé è solamente *predicabile*, cioè riferibile a individui o a insiemi di individui. Questa distinzione importante si chiarirà meglio in seguito.

Per ora sottolineiamo il fatto che il concetto indica la proprietà ma, in pratica, ne coglie solo alcune estensioni e non potrebbe coglierle tutte. Quindi, operativamente, cioè nel concreto uso linguistico, il concetto opera una selezione soggettiva tra le estensioni che la proprietà può cogliere.

Quali ne sono le conseguenze?

Un vocabolario è in pratica un elenco di concetti, ma a ciascuno di essi il parlante attribuisce un proprio significato, condiviso eventualmente con il gruppo culturale cui aderisce.

Infatti la predicazione, rispetto ad un concetto, vale a chiarire il particolare significato attribuito al concetto.

Ma il significato dipende da un sistema di valori, cioè da un senso esistenziale, che sovrasta e definisce il significato del concetto. Ed è quasi impossibile sovvertire l'altrui sistema di valori perché è costitutivo dell'individuo e ben poco stipulato.

In definitiva le parole non hanno per ciascun parlante lo stesso significato e ciò conduce a vaste conseguenze, come spiegazioni interminabili tra amanti o come trattati e contratti diversamente interpretati dalle parti. Le stesse leggi sono variamente interpretate da chi le emana (Legislatore) e da chi le applica (Magistratura).

Così il significato delle parole è campo di battaglia di valori in conflitto reciproco, con possibilità di sconfinare nell'uso della forza.

PREDICATI PROBABILISTICI E PREDICATI DETERMINATI

Se un predicato è ontologico (cioè non meramente tautologico) può avere natura determinata o natura probabilistica.

Ha natura determinata se riguarda una constatazione del tipo:

a)   il fatto sussiste (o l'individuo/i esiste/esistono). Ricordiamo, una volta di più, che l'esistenza di cui parliamo non è assoluta ma sempre relativa alle circostanze esaminate. Si dovrebbe parlare quindi di "presenza" o di "assenza"di ciò, di cui si parla;
b)   la proprietà di cui si parla è verificata oppure non verificata rispetto agli individui di cui si parla.

Se invece le medesime affermazioni sono connotate dall'alea o dall'incertezza, dovuta a qualsiasi motivo (fatti o enti difficilmente conoscibili perché remoti, perché celati, perché passati o futuri), allora il predicato ha natura probabilistica.

Ma in un caso come nell'altro la rappresentazione del predicato è necessariamente un **Ur**, cioè un *universo relativo*.

Pertanto un predicato ontologico determinato coincide con il collasso del predicato totale (PAT) in un predicato determinato di tipo P1 o P2.

Se invece il predicato riguarda un evento, che è elemento dell'insieme degli eventi possibili, allora si associa all'evento una probabilità. L'insieme degli eventi possibili, cioè un **Ur**, collassa poi nell'unico evento che si realizza.

Abbiamo già visto che rapporto c'è tra il collasso predicativo ed il collasso probabilistico.

E' necessario il preventivo collasso predicativo poiché da questo sortisce l'individuazione dei fatti ai quali, solo successivamente, è possibile attribuire una probabilità di accadimento.

LA TOTALITÁ

Una proposizione predicativa semplice è costituita da un ente (cosa, individuo , insieme e in seguito genericamente *individuo*) di cui si afferma o si nega (cioè si predica) una proprietà.

Ogni proprietà viene rappresentata da un Ur, cioè un aggregato che contiene non solo tutte le estensioni di una certa proprietà, ma anche le estensioni di tutte le negazioni della stessa proprietà, che abbiamo definito *endoconcettuali*.

In pratica un concetto cattura non solo tutti gli individui che hanno una certa proprietà, ma anche quelli, solo potenziali, che potrebbero averla.

L'insieme di tutti gli individui che hanno una certa proprietà (**oggi**, cioè *storicamente*) è l'insieme di riferimento e pertanto l'insieme complementare dell'insieme di riferimento è (**oggi**, cioè *storicamente*) un insieme vuoto, cioè contenente (oggi) le mancanze degli elementi contenuti nell'insieme di riferimento e potenzialmente (cioè domani o comunque in seguito) le presenze di elementi potenziali, individuati dalla negazione endoconcettuale.

A questo punto la contraddizione è, per così dire, armata come una pistola: esiste un PAT contraddittorio che deve collassare in un predicato di tipo P1 o in un predicato di tipo P2, entrambi non contraddittori.

Ma P1 equivale a scaricare la pistola (la contraddizione) estraendo il proiettile e destinandolo ad un insieme diverso da quello di riferimento.

P2 scarica invece la pistola (la contraddizione) sparando il colpo e mandandolo ad incrementare gli elementi dell'insieme di riferimento.

In ogni caso dopo la pistola (la contraddizione) è scarica e l'insieme vuoto è tornato ad essere vuoto, cioè a contenere le sole mancanze degli elementi presenti nell'insieme di riferimento.

Ma, seppure la contraddizione è scaricata, è però cambiato lo *stato delle cose* (cioè delle credenze), poiché l'insieme di riferimento contiene un elemento in più e nell'insieme vuoto vi è una mancanza in più.

Abbiamo già rilevato che la successione di questi cambiamenti dello *stato delle cose* è isomorfa ad una successione temporale, ove il trascorrere del tempo consista di una *successione di credenze* e non dal vano ruotare delle lancette di un orologio.

Il cambiamento dello stato mentale (soggettivo) come è relazionato con lo stato delle cose (oggettivo)? Il punto è che non disponiamo della conoscenza dello stato di cose oggettivo, ma solo ed al massimo della conoscenza dello stato di cose intersoggettivo. Cioè una conoscenza su cui convergono più soggettività, eventualmente qualificate. Come nel caso del punto di vista scientifico prevalente in un tempo e comunque dichiaratamente passibile di confutazione, cioè anch'esso *credenza*.

CAPITOLO NONO

LINGUAGGIO NATURALE E LINGUAGGIO FORMALIZZATO

Poiché il percorso cognitivo di Alfa e Beta richiede anche il ricorso a fonti di conoscenza diverse dall'esperienza personale, essi si chiedono: "che significa asserire che una proposizione, o un intero discorso, sono veri?"

Nel presente testo si usa quasi sempre il linguaggio naturale, ma affiorano anche esempi o citazioni di sistemi in cui viene usato un linguaggio formalizzato. Quindi accenniamo alle differenze esistenti tra linguaggi naturali, che sono quelli utilizzati nelle lingue parlate e che sono quindi molti ed il linguaggio formalizzato, che può essere considerato unico e pertanto non richiede di essere tradotto.

Sebbene i linguaggi naturali siano molti, essi sono vicendevolmente traducibili.

La traduzione può cogliere più o meno bene certe caratteristiche estetiche dei linguaggi naturali. Infatti tradurre testi con caratteristiche estetiche, cioè artistici, è arte a sua volta.

IL LINGUAGGIO FORMALIZZATO

Il linguaggio formalizzato non ha requisiti o pretese estetiche e mira invece a rappresentare una struttura logica, che è comune ad ogni linguaggio naturale ed è proprio ciò che lo rende traducibile.

Inoltre il linguaggio formalizzato viene usato in particolari sistemi, detti *assiomatico-sintattico- deduttivi*, nei quali vengono poste delle premesse, che dovrebbero essere semplici e chiare, cioè ampiamente condivisibili e da queste, che sono dette *assiomi*, traggono delle conseguenze, se possibile tutte le conseguenze.

I logici ed i matematici sviluppano con tali sistemi le loro conoscenze da quando David Hillbert (1867 - 1943), alla fine del 1800 convinse la comunità dei matematici dell'opportunità di usare i sistemi assiomatico-deduttivi.

Il sogno di un linguaggio formalizzato era però più antico e si fa risalire a Gottfried Leibnitz (1646-1716), che lo concepì senza tuttavia realizzarlo (a Leibnitz ed a Newton dobbiamo il calcolo differenziale-integrale, che è la lingua della fisica moderna) .

Lo realizzò invece un geniale e sfortunato logico tedesco, Gottlob Frege (1848 – 1925), a partire dal 1879. Le sue fondamentali intuizioni sono valide e studiate ancor oggi, sebbene alcuni segni, che egli usava nel suo calcolo, non siano più attuali. Ma i suoi grandi meriti dapprima non furono riconosciuti.

Il programma di formalizzazione ed unificazione del corpo delle matematiche fu completato, successivamente al 1935 (e mutando i componenti fino agli anni Sessanta), da un gruppo di giovani matematici francesi, che operò sotto il nome di *Nicolas Bourbaki*, non privo di richiami goliardici: era infatti il nome di un generale francese, che prese parte alla disastrosa (per i francesi) guerra franco prussiana del 1870.

Gli attuali manuali di matematica riflettono il loro riordino.

Gli assiomi sono formule, cioè proposizioni espresse nel linguaggio formale.

Dalle formule iniziali, cioè dagli assiomi, si ottengono altre formule mediante le regole di trasformazione, che sono le regole della logica formale. Non deve essere possibile derivare nel sistema una formula e la sua negazione perché è dimostrabile che, in questo caso, ogni formula sarebbe derivabile ed il sistema perderebbe ogni pregio. Sarebbe cioè *inconsistente*.

Il punto fondamentale è che lo sviluppo del sistema avviene secondo *coerenza sintattica*, cioè secondo regole che operano sulla forma del linguaggio e non sul suo contenuto . Nello stesso modo si svolge una partita di scacchi: la conformazione delle pedine, ad un certo punto della partita, dipende solo dall'aver correttamente applicato le regole del gioco. Ciascuna pedina muove secondo le regole assegnate e la partita termina quando una pedina, convenzionalmente chiamata "re", viene eliminata da controparte.

Tuttavia il sistema assiomatico può essere interpretato ed assumere quindi un significato. Esiste un teorema, detto di *correttezza e completezza*, che assicura che le formule sintatticamente coerenti, se interpretate, sono *proposizioni vere* e cioè semanticamente corrette.

Pertanto in un sistema assiomatico deduttivo la coerenza sintattica genera solo teoremi che, una volta interpretati, sono proposizione vere.

Ma la verità che si ottiene in tale sistema è relativa alla verità contenuta negli assiomi, dal momento che le regole logiche conservano e dispiegano la verità, che negli assiomi era implicita, ma non individuano alcuna verità indipendente dagli assiomi e perciò *nuova*.

Una nuova verità richiede quindi un opportuno ampliamento degli assiomi.

Anche una partita di scacchi può essere interpretata. A Marostica, deliziosa cittadina veneta, la piazza è costituita da una enorme scacchiera ove, ogni due anni e con pedine viventi, si commemora una storica partita a scacchi giocata, si dice, nel 1454 da due cavalieri. Il vincitore avrebbe conquistato la mano di una giovane nobile e bella , figlia del signore di Marostica. Fu il padre di lei a scegliere gli scacchi al posto delle spade, come allora era d'uso, preferendo un genero intelligente ad uno manesco. E, per evitare recriminazioni, si impegnò a concedere al perdente la mano della figlia minore. A quanto pare tutti furono poi contenti e così, ogni due anni, si celebra questo esito felice e inusuale.

IL LINGUAGGIO NATURALE.

Ma che dire del predicato di *verità/falsità* e del linguaggio naturale?

Alfa e Beta notano, prima di tutto, che:

1. costituisce *fatto* il dichiarare falsa una proposizione ritenuta vera oppure il dichiarare vera una proposizione ritenuta falsa. Infatti dichiarare vero il creduto vero e falso il creduto falso non può modificare lo stato delle credenze;
2. che una proposizione, per poter essere vera o falsa deve avere un significato (un referente) , rispetto al quale sia vera o falsa;
3. che, in generale, una proposizione dotata di significato ed avente valore ontologico non può riferirsi a se stessa poiché:
    a. la proposizione diventa l'*individuo* di cui si predica qualche proprietà ed anche contemporaneamente il suo *predicato* , violando

una regola fondamentale del linguaggio: la segmentazione temporale (vedi punto "c" seguente);

b. se ciò che viene predicato è un valore di verità in contrasto con quello attribuito alla proposizione, la stessa risulta simultaneamente vera e falsa , cioè contraddittoria, come sarà chiaro esaminando i paradossi semantici;

c. i predicati ontologici, poiché modificano lo stato delle credenze, segmentano temporalmente i sistemi di credenze in una successione ordinata. In particolare esistono le credenze attuali, ritenute tutte vere, e le credenze passate, ritenute tutte false. Quindi una proposizione ontologica si costituisce come *vero-presente* e costituisce la proposizione cui si riferisce in *falso-passato*; se ne conclude analogamente al punto "b");

d. dato che non esistono, ora, le credenze future, ma solo le credenze attuali, un predicato ontologico non può riferirsi a *proposizioni ontologiche future* (cioè, per esempio, alla *proposizione seguente*) ma solo ad una proposizione precedente, perché solo la proprietà di *essere precedente* consente di essere il riferimento di una proposizione successiva.

Alfa e Beta notano quindi che ogni proposizione ontologica può essere *vera* **o** *falsa.*

Ma questo non è tutto: nel linguaggio naturale ogni proposizione esistenziale deve essere *vera* **e** *falsa,* sebbene non nello stesso sistema di credenze. Ed i sistemi di credenze differiscono o perché appartengono a diversi segmenti temporali di uno stesso soggetto o perché appartengono a soggetti diversi.

Ma per poter asserire che diversi soggetti hanno contemporaneamente credenze diverse occorre un tempo convenzionale, che valga per entrambi, dato che le successioni temporali soggettive non sono confrontabili.

Come amaramente scopre chi ama e non è amato, chi è carcerato rispetto a chi è libero, chi è ammalato rispetto a chi è sano, chi è sensibile rispetto a chi è ottuso.

Alfa e Beta comprendono quindi quale sia l'inumana funzione degli orologi: parificare ciò che non può essere parificato.

Inoltre Alfa e Beta comprendono l'essenziale differenza tra un sistema *formale-assiomatico-deduttivo* , sviluppato da un linguaggio formale ed un *sistema di credenze*, sviluppato dal linguaggio naturale.

Dal primo si derivano solo teoremi che, interpretati, sono sempre veri. Naturalmente occorre accettare le premesse, cioè gli assiomi del sistema. Infatti questi sono sempre posti in modo da essere ampiamente accettabili. Ma, anche così, talvolta, qualcuno motivatamente dissente.

Dal secondo si derivano proposizioni che sono sempre *vere e false* e che vengono a collassare in proposizioni *solo-vere* mediante le scelte temporali /personali operate dai soggetti (si veda il cap. 8).

Quindi il *vero* ed il *falso* sono relativi l'uno all'altro ed anzi si permutano reciprocamente i ruoli nel corso dello sviluppo dei sistemi di credenze.

La situazione sconcertante è che, quando un PAT collassa in P1 o in P2 viene eliminata, assieme alla contraddizione, una verità: quella degli altri.

Il linguaggio naturale però può esprimere tutto ciò mediante l'enorme ricchezza che deriva dal poter negare ogni proposizione. Non solo il linguaggio naturale consente di dire ciò che si vuole, ma consente di dire molto di più di quello che è possibile dire.

CAPITOLO DECIMO

LO SCARTO

IL LINGUAGGIO NATURALE

Dire qualcosa implica tacere qualcosa, apprendono Alfa e Beta. Anche perché, ancor prima, conoscere qualcosa implica trascurare qualcos'altro.

Essi quindi si chiedono che cosa può dire il linguaggio ed anche che cosa non può dire.

O meglio: che cosa deve scartare.

Occorre almeno accennare a quale sia il senso dello scarto da parte di Alfa e Beta e comunque da parte di ogni individuo o sistema cognitivo.

1) La scelta di alcuni valori implica l'abbandono di altri valori. Non è vero che si possa parlare in ogni caso di scelta, dal momento che la scelta dei valori da conseguire è anche indirizzata socialmente e dipende da molte circostanze di contorno. Dipende anche da circostanze genetiche: il sesso infatti non si sceglie, né lo stato di salute e le opzioni che conseguono. Quindi nella scelta dei valori entra in gioco qualcosa che potremmo definire destino, in mancanza di meglio.

2) L'altro generalissimo fattore di scarto è lo scarto dell'irrilevanza. Infatti Alfa e Beta sono interessati ai *fatti,* cioè a ciò che è atto a modificare lo stato delle credenze e non a tutto ciò che lo conferma. Beta potrebbe dire innumerevoli proposizioni vere, ma normalmente tace perché aderisce alla convenzione di scarto

dell'irrilevanza. D'altronde i loro stessi sensi sono atti a cogliere le variazioni ed a scartare le permanenze.

Alfa e Beta quindi iniziano a conoscere a valle degli scarti preventivi, sebbene in alcuni casi ciò che fu scartato diventi oggetto di apprendimento ai fini di un eventuale recupero.

Quando Alfa e Beta determinano il collasso di PAT in P1 o (alternativo) in P2 essi scartano la proposizione contraddittoria rispetto a quella che affermano. Come osservato al capitolo 8), P1 è una scelta conservativa e scarta perciò delle potenzialità. Cioè scarta un futuro del sistema delle credenze. P2 è invece una scelta progressiva e pertanto costituisce un passato del sistema delle credenze, che è P1, e con ciò lo scarta.

Ma è chiaro che questa è una scelta di Alfa e Beta, non del linguaggio che, in sè, conserva la possibilità e la legittimità di affermare tutto ciò che Alfa e Beta hanno scartato. Ed anche a proposito dello scarto preliminare di cui ai punti 1) e 2) occorre dire che lo scarto riguarda Alfa e Beta e non il linguaggio, che conserva la possibilità di esprimere anche ciò che è stato preliminarmente scartato.

Il linguaggio naturale può dire tutto e le sue possibilità espressive eccedono immensamente ogni concreto uso, che se ne possa fare. Naturalmente gran parte dell'eccedenza è costituita da contenuti irrilevanti, o almeno essi così sperano.

Per comprendere davvero che cosa scarta il linguaggio naturale dovrebbero imbattersi in un diverso linguaggio, nato da premesse non umane. Ma probabilmente non potrebbero capirlo.

Occorre sottolineare che la singolare potenza semantica del linguaggio naturale è data dalla illimitata possibilità di negare ogni proposizione e di invertirne così il valore di verità.

Se immaginiamo una proposizione **A** composta dalla congiunzione di **n** proposizioni, cioè qualcosa di simile ad una lunga descrizione, abbiamo:

$$A = a1 \wedge a2 \wedge a3 \wedge \ldots \wedge an;$$

Poniamo che **A** sia vera. Pertanto la negazione di una sola delle proposizioni congiunte genera una proposizione falsa. E, poiché abbiamo **n** proposizioni congiunte, abbiamo **n** modi di generare una proposizione falsa.

Ma, evidentemente, possiamo anche negare le proposizioni *a due per volta*, *a tre per volta* e, infine *a n per volta*.

Tutte queste proposizioni variamente negate hanno lo stesso valore di verità, cioè sono false, ma ciascuna di queste ha un diverso significato.

Chiediamoci: quante proposizioni false possiamo ricavare dall'unica proposizione vera **A**.

La formula è una vecchia conoscenza, infatti l'operatore *negazione* ci consente di generare 2^n proposizioni diverse, se congiungiamo **n** proposizioni elementari.

Vale a dire 8 proposizioni se le congiunte sono 3; 16 proposizioni se le congiunte sono 4 e così via raddoppiandone il numero ad ogni nuova proposizione congiunta.

Il numero delle proposizioni possibili cresce quindi a dismisura, cresce in modo esponenziale, ma, in ogni caso, la proposizione vera resta sempre e solo una!

Cosa concluderne? Chi crede alla verità deve constatare che i pascoli della falsità sono ben più vasti.

IL SISTEMA ASSIOMATICO SINTATTICO DEDUTTIVO.

Una volta accettate le premesse, cioè gli assiomi, il sistema genera solo teoremi che, se interpretati, risultano essere proposizioni vere. Quindi il sistema è concepito per dedurre solo verità dalle proprie premesse. Inoltre le premesse sono chiare e possono essere accettate, o no, a ragion veduta.

È difficile invece accertare quali siano le premesse di una proposizione espressa in linguaggio naturale, anche perché una parte di esse è implicita .

È facile rendersi conto che l'ammirevole semplicità del sistema assiomatico-deduttivo dipende dall'essere vietato porre premesse che consentano la derivazione di una formula e anche della sua negazione. In breve: l'oscuro e vasto mondo della falsità, cui si accede mediante la negazione, è precluso da creatori più scrupolosi di quello che creò il linguaggio naturale.

Ma quando Leibnitz immaginò che il suo *calculus ratiocinator* sarebbe servito a dirimere pacificamente le controversie umane, si sbagliava. «Non litighiamo - egli pensava - ma sediamoci ad un tavolo e *calculemus*».

Disgraziatamente le vere controversie nascono da diversità di premesse, non sanabili con il *calculemus*.

È già difficile concordare sui semplici assiomi di un sistema assiomatico!

Occorre riconoscere che l'ammirevole sistema assiomatico, dato che genera solo verità, non consente le differenze d'opinione che, con larghezza persino eccessiva, consente il linguaggio naturale.

Uscendo dalle righe potremmo dire che il sistema ha tratti sovietici.

Un sistema assiomatico vieta, rispetto al linguaggio naturale, anche la revisione delle proprie premesse.

Infatti è un sistema deduttivo proprio perché ogni formula è derivata dagli assiomi, quelli posti e non altri.

Se ne possono eliminare alcuni o porre altri ma, facendo ciò, si esce dal sistema.

Il sistema quindi non è temporalmente segmentato, come abbiamo constatato essere le proposizioni del linguaggio naturale, anzi si sviluppa in una dimensione perfettamente sincronica, determinata dagli assiomi che fissano l'ontologia del sistema e non ne consentono una nuova.

È quindi un sistema magnifico, ma fuori dalla realtà. Magnifico perché è fuori dalla realtà.

Dopotutto ha effettivamente tratti sovietici.

CAPITOLO UNDICESIMO

LA STRUTTURA DEL LINGUAGGIO

INSIEMI

« Un insieme è una collezione concepita come un tutto, di oggetti ben distinguibili, dalla nostra intuizione o dal nostro pensiero. I detti oggetti sono chiamati elementi dell'insieme».

Questa è la definizione di insieme che diede Cantor, i cui studi pubblicati dopo il 1878 sono il fondamento della teoria generale degli insiemi e, dopo il riordino di *Bourbaki,* dell'intera matematica.

Per formare un insieme ci sono due modi:

- Elencare gli oggetti, di qualsiasi natura, che ne fanno parte;
- proporre la regola che indica quali oggetti fanno parte dell'insieme.

La seconda modalità è di maggiore interesse, dal momento che è difficile immaginare che si formi un insieme arbitrario di oggetti

.

Supponiamo quindi di aver individuato, con una regola qualsiasi, un insieme di quattro elementi e li poniamo tra due parentesi graffe , che indicano l'insieme denominato **A**:

A = {a, b, c, d}

A con lettera maiuscola è il nome dell'insieme. In seguito sarà *l'insieme di riferimento*.

"**a, b**……..", con lettera minuscola è il nome degli elementi. Dal momento che anche gli insiemi possono essere elementi di insiemi, il minuscolo/maiuscolo delle lettere di denominazione va inteso in senso relativo al contesto.

La regola di formazione dell'insieme, che è la proprietà che hanno in comune gli elementi, pur essendo distinguibili e distinti tra di loro (come i giocatori di una stessa squadra) si definisce *intensione di A*.

Ciò che la regola cattura, cioè gli elementi dell'insieme, si definisce *sua estensione*.

Gli elementi entrano a far parte dell'insieme solo una volta (cioè non esiste: {a, a, a}), intuitivamente perché, anche se **a** è interpretato come un oggetto, tuttavia è il pensiero di un oggetto e non vi sono due o più pensieri uguali. Infatti come potremmo distinguerli?

L'ordine degli elementi dell'insieme è irrilevante e cioè: {a, b} = {b, a}.

Sugli insiemi si possono fare operazioni mediante i seguenti operatori:

"$\cup$": segno di unione, che unisce due insiemi formandone un altro che contiene (una sola volta) gli elementi degli insiemi uniti . Esempio: {a, c} $\cup$ {b, c} = {a,b,c}.

"$\cap$" : segno di intersezione, che da due insiemi ne forma un altro che contiene solo gli elementi comuni agli insiemi intersezionati. Esempio: {a,c} $\cap$ {b,c} = {c}

" ' " : l'apice è segno di complementazione insiemistica . Il complemento di un insieme, <u>rispetto all'insieme</u> <u>di riferimento</u>, è un insieme che contiene tutti gli elementi dell'insieme di

riferimento, che non sono presenti nel primo insieme. Esempio :
{a,c}' = {b,d}.

Se vi è una relazione tra un insieme di proposizioni ed un insieme di elementi (per esempio le proposizioni descrivono gli elementi), allora gli operatori delle proposizioni [disgiunzione, congiunzione e negazione (V,Λ , ¬)] e gli operatori insiemistici [unione, intersezione e complementazione (U, ∩,')] costituiscono sui rispettivi insiemi **due algebre isomorfe, dette di Boole.**

Isomorfo è termine greco che significa *con la stessa forma* e, in concreto, significa che operazioni corrispondenti, eseguite su insiemi corrispondenti, conducono a risultati corrispondenti.

Esempio: P(a,b) è la proposizione che definisce l'insieme {a,b} e P(c,d) è la proposizione che definisce l'insieme {c,d}. Allora la proposizione [P(a,b) V (P(c,d)] definisce l'insieme {a,b,c,d}, che risulta dall'unione di: {a,b} U {c,d}.

Dopo questa premessa torniamo all'insieme di riferimento {a,b,c,d} per generare tutti i suoi sottoinsiemi ,

che sono esattamente in corrispondenza con quelli già formati al capitolo 7) esaminando i predicati probabilistici, ovvero 16 sottoinsiemi diversi composti come segue:

1. n.1 sottoinsieme composto da 4 elementi e cioè {a,b,c,d}, *che è l'insieme di riferimento* **A**;
2. n. 4 sottoinsiemi composti da tre elementi presenti ed uno assente: {a, b, c , Ød}, {a,b, d, Øc}, {a, c, d, Øb }, {b, c, d, Øa};
3. n. 6 sottoinsiemi composti da 2 elementi presenti e 2 mancanti: {a, b, Øc, Ød}, …etc;
4. n.4 sottoinsiemi composti da 1 elemento presente e 3 mancanti: {a, Øb, Øc, Ød}, .. etc;

5. n.1 sottoinsieme composto da 4 elementi mancanti: {Øa, Øb, Øc, Ød}.

Notiamo, prima di tutto, che il sottoinsieme di cui al punto 5) non contiene alcun elemento, ma solo mancanze di elementi e infatti mancano tutti gli elementi dell'insieme di riferimento.

Come possiamo interpretare l'insieme di cui al punto 5)? Ricordiamo l'esempio del pollaio di cui al capitolo 7). Se vengono rubate le 4 galline del pollaio, il pollaio resta vuoto e può essere rappresentato come un insieme vuoto, ma è pur sempre privo di galline e non privo di pecore, come sarebbe un ovile depredato.

In breve, in questa notazione, l'insieme vuoto è relativo all'insieme di riferimento e pertanto può essere denominato ØA.

L' Aggregato contenente tutti i sottoinsiemi di A è a sua volta un insieme? Non può esserlo poiché nello stesso insieme vi sarebbero due elementi incompatibili e cioè **A** e **ØA**, che costituiscono la presenza e la mancanza dello stesso elemento in un insieme, fatto evidentemente contraddittorio. Si noti che in nessuno dei sottoinsiemi vi sono presenze e mancanze degli stessi elementi.

Notiamo ancora che l'insieme di riferimento **A** è l'estensione di **P(A)**, cioè della proprietà che individua A, che cattura **ogni** elemento esistente nell'insieme di riferimento, ma, in mancanza di uno o più elementi dell'insieme di riferimento, P(A) cattura uno dei sottoinsiemi di A. In mancanza di tutti gli elementi P(A) cattura l'insieme vuoto **ØA**.

Poiché l'aggregato di tutti i sottoinsiemi di A costituisce l'universo delle estensioni che P(A) può avere, denominiamo detto aggregato **UrA**, cioè *Universo relativo della proprietà P(A)*.

UrA è un *universo dei significati di P(A)*, strutturalmente isomorfo all'universo degli eventi di cui al capitolo 7) e, come quello deve collassare in un evento realizzato, questo deve collassare in una estensione catturata.

In UrA ogni sottoinsieme dell'insieme di riferimento ha un proprio insieme complementare, cioè un insieme composto dagli elementi mancanti all'insieme in esame (si ottiene permutando presenze con assenze di elementi).

Anche A ha insieme complementare ed è ØA.

Valgono le relazioni seguenti:

- A ∪ ØA = A;
- A ∩ ØA = ØA

Questa relazione è importante poiché ci consente di interpretare ØA come l'estensione di P(¬A), ovvero come la estensione della *negazione endoconcettuale* di cui si è trattato al cap.8).
Ricordate l'abito da sposa *non bianco*?
È bene sottolineare che quanto esposto a proposito di insiemi differisce dalla **teoria degli insiemi ZF** (cioè formalizzata dai matematici Zermelo e Fraenkl) per il diverso ruolo dell'insieme vuoto, che colà è unico ed è sottoinsieme di tutti gli insiemi. Qui invece è relativo all'insieme di riferimento, di cui non è sottoinsieme, bensì insieme complementare. <u>L'insieme vuoto non è sottoinsieme di alcun insieme.</u>
Evidentemente UrA è diverso dall'insieme potenza di A, previsto in ZF come assioma. Tuttavia gli insiemi contenuti in UrA sono in corrispondenza biunivoca con gli insiemi contenuti in PotA, cioè nell'insieme potenza di A.
(Corrispondenza biunivoca significa: ad ogni insieme di UrA ne corrisponde un altro in PotA)
Tutto ciò è meglio chiarito in *L'insieme vuoto Ø: la mente* di Lario Sinigaglia, ARMANDO EDITORE, 2012.

LA STRUTTURA DEL LINGUAGGIO

Avendone posto le premesse, possiamo ora studiare la struttura del linguaggio, i cui elementi fondamentali sono pochi:

- **Individui**, che sono qualsiasi cosa che si possa individuare e di cui si possa predicare una proprietà o una relazione. In questa ottica consideriamo *individui* anche gli insiemi, gli insiemi di insiemi e le proposizioni. Anche un *concetto* è un individuo, nel senso che un concetto è il nome che si dà ad una proprietà, quando la si vuole individuare. <u>Può ben essere che il concetto e la proprietà che il concetto individua siano omonimi, ma confonderne il ruolo è un errore.</u>

- **Proprietà e relazioni**, che sono ciò che si predica degli individui. Chiediamoci: un predicato stabilisce sempre una relazione tra un individuo ed una proprietà, la cui rappresentazione è un Ur, cioè un universo relativo (che non è un insieme)? No, stabilisce anche relazioni con insiemi, la più semplice delle quali è la relazione di appartenenza di un elemento ad un insieme, che lo contiene, che si indica con il segno "ε" (prima lettera del verbo greco *estì*, che significa *essere*). Gli insiemi di cui abbiamo parlato sinora sono privi di struttura, come dimostra il fatto che l'ordine dei loro elementi non rileva.

  Ma un predicato stabilisce anche relazioni con insiemi strutturati, sui quali sono possibili le operazioni razionali, che ci sono ben note dagli studi elementari, cui in seguito accenneremo.

  Ma in nessun caso una *proprietà*, la cui rappresentazione sia un Ur, può diventare *individuo*, perché non è individuabile. Di fatto un Ur è un aggregato di estensioni incompatibili e pertanto non ha propria estensione. Inoltre l'aggregato è composto da insiemi tutti provvisti di insieme-complemento. Il che significa , ricordando l'isomorfismo tra negazione (¬) nell'algebra di proposizioni e complementazione (′) nell'algebra di insiemi, che ogni proposizione, riguardante elementi dell'aggregato Ur, può essere negata . In breve Ur è un aggregato contraddittorio perché è contraddittoria la proprietà che rappresenta. Tale contraddittorietà è evitata predicando non sulla proprietà, ma su particolari estensioni della stessa. Cioè su uno degli insiemi contenuti in Ur, il quale è contenitore d'insiemi, ma non è un insieme.

Accenniamo ora brevemente agli insiemi strutturati, rimandando per approfondimenti ad altri testi, di cui sarà fornito un elenco in appendice.

La distinzione fondamentale è quella tra *insiemi parzialmente ordinati* ed *insiemi totalmente ordinati*.

- **Insiemi parzialmente ordinati**: gli elementi talora sono confrontabili e talora non lo sono. Sono comunque ordinabili dalla relazione di inclusione insiemistica "⊂" (significato: *essere sottoinsieme*). L'immagine seguente, detta *diagramma di Hasse*, chiarisce meglio delle parole il modo in cui viene parzialmente ordinato l'insieme dei sottoinsiemi di A = {a, b, c} dall'inclusione insiemistica.

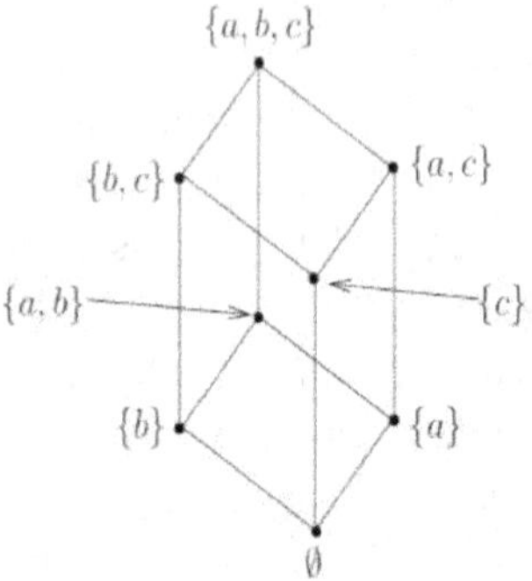

 Questo insieme, dotato degli operatori insiemistici (∩,∪," ′ ") è una struttura algebrica, detta **reticolo**, sulla quale si effettuano le operazioni insiemistiche note.

Questa struttura algebrica è importante dal momento che ogni aggregato Ur, dotato di operatori insiemistici, è un reticolo.

- **Insiemi totalmente ordinati**: gli elementi sono sempre confrontabili ed ordinati dalle relazioni ">" e "<", che significano rispettivamente *maggiore di* e *minore di*. L'esempio immediato sono i cari numeri naturali {1, 2, .., n} ed i numeri ordinali {1°, 2°, .., n°} e tutti i numerosi insiemi che mediante essi ordiniamo. Essi sono insiemi totalmente ordinati, su cui sono definite le operazioni aritmetiche (addizione, moltiplicazione, ecc.).

CAPITOLO DODICESIMO

PARADOSSI SEMANTICI E PARADOSSI INSIEMISTICI

La distinzione tra *paradossi semantici* e *paradossi insiemistici* fu fatta da Frank Ramsey, inglese, scomparso nel 1930 a soli 26 anni, che nella vita breve manifestò un ingegno straordinariamente versatile.

I primi riguardano il valore di verità di enunciati, i secondi l'esistenza di particolari insiemi.

Ramsey si occupò del problema già messo in evidenza dall'opera fondamentale *Principia mathematica* di B. Russel e A.N. Whitehead, del 1913, che si proponeva di dare fondamento di tipo logico alla matematica. Come sappiamo il gruppo *Bourbaki* diede invece il fondamento insiemistico oggi accettato.

Faremo nostra l'impostazione di Ramsey, dopo aver condensato in semplici regole, atte ad evitare i paradossi semantici, le considerazioni fatte in precedenza

REGOLE SEMANTICHE:

1. È necessario che una proposizione abbia un significato per poter essere *vera* o *falsa*. Solo una proposizione con significato ontologico può essere vera *aut* falsa nello stesso tempo (*aut*, congiunzione latina, che significa **o alternativo**, indica che i due predicati sono reciprocamente incompatibili).

    Ma in tempi diversi può, anzi deve, essere vera *vel* falsa (*vel* è congiunzione latina che significa **o non alternativo**). In altre parole: in tanto una proposizione può essere vera, in quanto può essere falsa.

Le tautologie invece sono sempre vere e le contraddizioni sempre false.

2. I predicati si applicano solo ad individui. Le proprietà non sono individui, ma sono intensioni che si rappresentano mediante un aggregato **Ur**, che è contraddittorio, quindi non ha estensione, né può essere individuato. Insiemi, proposizioni e concetti sono individui. I concetti designano le proprietà, sono il loro nome.

3. I predicati hanno un dominio di individui cui possono essere riferiti, al di fuori del quale non hanno significato.

4. Le proposizioni sono segmentate temporalmente dal mutamento del loro valore di verità. Ogni proposizione può essere negata e mutare valore di verità, diventando contraddittoria rispetto alla proposizione precedentemente asserita.

5. È necessario rispettare l'ordine, cioè la successione, dei predicati ontologici. Tali predicati generano la successione semantica, che si identifica con la successione temporale individuale. Di conseguenza una proposizione può riferirsi solo ad una proposizione precedente e non ad una successiva, che non esiste (ancora). Tanto meno può riferirsi a se stessa predicando la propria falsità perché ne consegue un paradosso.

REGOLE INSIEMISTICHE.

1. Le regole insiemistiche si riducono ad una sola: l'aggregato, da noi definito **Ur** (universo relativo) non è un insieme poiché è contraddittorio. Esso rappresenta la totalità delle estensioni (insiemi) che, potenzialmente, può catturare una proprietà. Tale totalità contiene un numero di elementi maggiore del numero di elementi contenuti da qualsiasi estensione della proprietà, concretamente catturata, da noi definita **l'insieme di**

riferimento. Osserviamo che gli elementi di **Ur** sono in corrispondenza biunivoca con quelli dell'**insieme potenza**, che è l'insieme di tutti i sottoinsiemi dell'insieme di riferimento, nella teoria ZF.

Ricordiamo che Cantor, con il suo fondamentale **teorema diagonale**, dimostra che l'insieme potenza ha potenza maggiore di quella del suo insieme di riferimento (cioè ha un maggior numero di elementi). In particolare: se l'insieme di riferimento contiene una infinità numerabile di elementi, allora l'insieme potenza, dell'insieme di riferimento, contiene una infinità non numerabile di elementi

Quindi una totalità, cioè un Ur, che non è mai un insieme, se ha insieme di riferimento infinito e numerabile, allora Ur è infinito e non numerabile, come meglio si vedrà in seguito.

Il teorema diagonale di Cantor è una straordinaria conquista intellettuale, la cui struttura ha trovato fondamentali applicazioni anche al di fuori della teoria degli insiemi.

CAPITOLO TREDICESIMO

ANALISI DEI PARADOSSI

PARADOSSI SEMANTICI: "Il mentitore".

Il paradosso nasce da una proposizione che non è classificabile vera o falsa perché *se vera, è falsa* e *se è falsa, è vera*.

Parliamo ora di un personaggio proverbiale per chi si occupa di paradossi: Epimenide cretese, che da più di duemila anni tiene banco con una proposizione, di cui certo non valutò le conseguenze.

Disse Epimenide: "tutti i cretesi mentono sempre".

Denominiamo **M**, come mentitore, questa proposizione.

Dunque se egli afferma il vero, allora, poiché è cretese, afferma il falso.

Se invece egli afferma il falso, allora , proprio mentendo, potrebbe dire il vero.

Apriamo una parentesi: c'è una serie di freddure del tipo: "sai la differenza tra un elefante ed una fragola ?".

Voi, che sapete benissimo la differenza che c'è tra un elefante ed una fragola, dovete dire di non saperla, altrimenti il gioco non prosegue.

Così è per i paradossi, bisogna stare al gioco, non per condiscendenza, ma perché aiutano a scendere nelle profondità del linguaggio.

Nel caso di Epimenide dovremmo scordarci il fatto che nessun mentitore *mente sempre*, perché in tal caso, compresa la sua particolare semantica, disporremmo di un raro caso di persona che dice sempre il vero.

E dovremmo scordarci che anche il mentitore più accanito non potrebbe negare verità tautologiche.

Quindi, per quanto inverosimile, supponiamo che la proposizione **M** sia vera.

Esame del paradosso: Epimenide afferma che *tutti i cretesi mentono sempre*, cioè che *l'insieme dei cretesi* è un sottoinsieme *dell'insieme dei mentitori* .

Mentre non afferma *io sono cretese*, poiché la proprietà di *essere cretese* era stata, per così dire, stabilita in precedenza.

Ma la proposizione **M** asserisce una proprietà dei cretesi e di conseguenza anche una proprietà di Epimenide, in quanto cretese: quella di essere un mentitore.

Però noi stiamo supponendo che la proposizione sia vera, mentre i mentitori non dicono proposizioni vere, quindi Epimenide non è un mentitore.

Da qui nasce il paradosso: se la proposizione *è vera, allora è falsa*, perché Epimenide dice il vero, pur essendo cretese.

Soluzione del paradosso: la proposizione che in precedenza aveva asserito che *Epimenide è cretese* è implicitamente falsificata dalla proposizione ora asserita da Epimenide.

Se ne conclude che, al momento dell'asserzione della proposizione, Epimenide non è cretese, poiché dice il vero. Era cretese in precedenza, secondo criteri diversi di attribuzione della nazionalità.

Dovremmo meravigliarcene dato che si discute di *ius sanguinis*, che significa *diritto del sangue* e cioè *diritto di nazionalità derivato da quello dei genitori* e di *ius soli*, che significa *diritto del suolo* e quindi *diritto di nazionalità dipendente dal luogo di nascita*? Non è una novità: se ne discute dal tempo delle *polis* greche.

Notiamo, incidentalmente, che così funziona ogni sistema giuridico: leggi successive possono implicitamente abrogare leggi precedenti. E, naturalmente, così funziona anche il linguaggio, manca solo di prenderne nota.

Supponiamo invece che **M** sia falsa.

In questo caso la soluzione è facile: non è vero che tutti i cretesi mentono, ma almeno uno mente: il nostro Epimenide, appunto.

È da notare che non tutti gli enunciati autoreferenti sono paradossali, ma lo sono solo quelli che sono affetti da un interno contrasto semantico, come quello ora esaminato. Ed il paradosso stesso segnala che la proposizione non è corretta. Pertanto dovremmo rifiutarla specificamente, proprio come chi constata che una parte del cibo è guasto e lo getta, trattenendo la parte sana.

PARADOSSI SEMANTICI: "Il paradosso di Grelling-Nelson"

Si dividano gli aggettivi (cioè le proprietà) del linguaggio in due categorie:

- Si dicano aggettivi *autologici* quelli che si riferiscono a se stessi.

Esempio: *polisillabico* è aggettivo che si riferisce a se stesso poiché la parola *polisillabico* ha più di una sillaba.

- Si dicano aggettivi *eterologici* quelli che non si riferiscono a se stessi.

Esempio: *monosillabico* non si riferisce a se stesso perché la parola *monosillabico* ha più di una sillaba.

Ecco il paradosso: *eterologico* (soggetto), qualora avesse la proprietà di *essere eterologico* (predicato), allora sarebbe *autologico*; cioè, se non si riferisse a se stesso, allora si riferirebbe proprio a se stesso. Tale è infatti il significato di *eterologico*.

Invece se *eterologico* (soggetto) avesse la proprietà di essere *autologico* (predicato), allora sarebbe *eterologico*.

In conclusione la proprietà *eterologico* sembra appartenere ad entrambe le categorie, in cui erano state divise le proprietà, benché ciascuna proprietà sia la negazione dell'altra e quindi vi sia una contraddizione.

Soluzione del paradosso:

1. In particolare l'esempio con la proprietà *polisillabico* non è pertinente. È la parola, che designa la proprietà, che ha la proprietà di essere polisillabica e non la proprietà stessa, che ben potrebbe essere designata da una parola monosillabica;
2. In generale: 1°: le proprietà sono tutte *eterologiche*, cioè si riferiscono ad individui e non a se stesse. Quindi non vi sono proprietà *autologiche*; 2°: una proprietà non è un individuo e quindi non può fungere da variabile individuale.

Si tratta quindi di un caso di autoriferimento patologico, realizzato inoltre con premesse scorrette.

PARADOSSI SEMANTICI: " il riferimento incrociato"

" La frase che segue è vera";

"la frase che precede è falsa".

Paradosso: supponiamo vera la prima frase, allora è vera anche la frase che segue. Ma essa dice che la prima frase è falsa, contro l'ipotesi.

Supponiamo allora falsa la prima frase. Allora è falsa la seconda frase. In questo caso la prima frase è vera, contro l'ipotesi.

Soluzione del paradosso: le proposizioni che portano predicati ontologici (come quelle dell'esempio) formano una successione ben ordinata (per i motivi visti in precedenza) e non possono quindi determinare circolarità viziose. Il predicato di *verità/falsità* è sempre ontologico quando inverte il valore di verità di una frase precedente, *ma non può invertire il valore di verità di una frase seguente.*

Notiamo quindi che i paradossi segnalano automaticamente gli abusi del linguaggio e questa sapienza del linguaggio è un ulteriore motivo di stupore: sembra uno strumento ed invece è più intelligente di noi.

Sarebbe come se, in ambito giuridico, colui che commette reato si autodenunciasse per interna costrizione.

PARADOSSI SEMANTICI: "il mentitore rinforzato".

I paradossi detti del *mentitore rinforzato* sono parecchi e sono il risultato del lavoro di dare una mano ad Epimenide ad abusare del linguaggio. Per esempio il seguente:

Proposizione: "ora sto mentendo".

Paradosso:

- se la frase è vera, allora è falsa, perché afferma di essere una menzogna;
- se la frase è falsa, allora è vera la sua negazione e cioè *non sto mentendo*; ma poiché la frase è falsa, allora il suo significato è contro l'ipotesi fatta.

Si tratta di autoriferimento patologico: infatti il significato dell'asserzione *sto mentendo* è in contrasto con il valore di verità, che la frase implicitamente si attribuisce, cioè di essere falsa. Ma se la frase è falsa, allora *non sto mentendo*, quindi la frase è vera. Ma se la frase è vera allora *sto mentendo*, quindi la frase è falsa. Notiamo come l'autoriferimento costringa ad un circolo vizioso semantico. Si tratta di abuso del linguaggio.

PARADOSSI INSIEMISTICI: "Le totalità contraddittorie"

Ci occupiamo di insiemi perché ci consentono di chiarire in che cosa consiste effettivamente *l'essere una proprietà.*

I paradossi, ma sarebbe meglio definirli *contraddizioni*, nascono dal fatto che **le totalità**, sia finite che infinite, non possono essere insiemi per motivi già anticipati e che ora riprendiamo.

Cominciamo con l'osservare che ogni insieme è l'estensione di una intensione e quest'ultima è la proprietà definente gli elementi dell'insieme. Ciascun elemento dell'insieme ha una proprietà generale, detta **P** in forza della quale è elemento dell'insieme, detto **A**, ed una proprietà particolare, che lo distingue da altri elementi dell'insieme A.

Esiste un isomorfismo, già esaminato al Cap.11) tra l'algebra degli insiemi e l'algebra delle proposizioni, di conseguenza le operazioni logiche fatte sulle proposizioni, utilizzando i connettivi logici *congiunzione*, *disgiunzione* e *negazione* ($\wedge$, $\vee$,

¬) sono isomorfe, cioè hanno la stessa forma delle operazioni insiemistiche fatte sulle estensioni delle proposizioni, utilizzando gli operatori *intersezione, unione* e *complementazione* (∩, ∪, ').

Siano ora : { a, b, c } gli elementi dell'insieme **A** , ovvero l'estensione della proprietà **P**.

In A c'è ogni elemento esistente, che abbia la proprietà P.

Si può dire anche che in A vi è la totalità degli elementi aventi la proprietà P (ovvero tutti gli elementi possibili godenti della proprietà P)?

Non si può dire, poiché certamente la proprietà P appartiene anche ad ogni sottoinsieme di A e pertanto a ciascuno degli elementi dell'insieme di tutti i sottoinsiemi di A, che nella teoria degli insiemi ZF (formalizzata da Zermelo e Fraenkel) è detto *insieme potenza* dell'insieme di riferimento, cioè di A e qui denominato **PotA**.

(Si prega di non confondere *PotA* con *pota* del capitolo quinto).

L'insieme potenza di A, cioè PotA, ha n. 8 elementi, come ormai sappiamo.

Interpretiamo ora l'insieme vuoto Ø (che in ZF è unico ed è sottoinsieme di ogni insieme) in senso relativo, indicante cioè la mancanza di un elemento definito. Pertanto **Øa** indica, in un insieme, la mancanza dell'elemento **a** e costruiamo **Ur di A** , con le modalità viste al capitolo settimo.

 Gli elementi di UrA sono in corrispondenza biunivoca con quelli di PotA.

Notiamo che in UrA ogni elemento **x** tale che: **x ∈ UrA**, è diverso da ogni altro e ogni elemento ha un proprio insieme complementare rispetto ad A, cioè **x'**, contenente ogni elemento di A non contenuto in **x** e privo di ogni elemento di A contenuto in **x**.

Per questo motivo la proposizione **P(x)**, che descrive l'elemento **x** e la proposizione **P(x')**, che descrive l'elemento **x'**, costituiscono, in una algebra delle proposizioni, l'una la negazione dell'altra. Esistono quindi le seguenti relazioni **tra proposizioni**:

$P(x) \wedge P(x') \equiv P(\emptyset A) \equiv P(\emptyset a, \emptyset b, \emptyset c\,) \equiv P(\neg A)\ $;

$P(x) \vee P(x') \equiv P(A) \equiv P(a, b, c)\ $ e quindi

$P(A) \equiv \neg\, P(\emptyset A) \equiv \neg P(\neg A);$

tuttavia entrambe le proposizioni, P(A) e P($\neg$A), descrivono elementi di UrA.

("$\equiv$" posto tra due proposizioni significa: *le due proposizioni hanno lo stesso significato e sono reciprocamente sostituibili*)

Queste relazioni mostrano che in UrA esiste l'estensione di tutte le proposizioni definenti insiemi dotati della proprietà P e che pertanto UrA contiene l'estensione di ogni proposizione P(x) ed anche di ogni proposizione P($\neg$ x) ed in particolare UrA contiene contemporaneamente A e $\emptyset$A, vale a dire che contiene tanto l'elemento A che la mancanza dell'elemento A.

Questa è una contraddizione, consentita in Ur, che è un aggregato esplicitamente contraddittorio, ma non consentita in alcun insieme.

Per questo motivo nessun insieme può contenere la totalità degli elementi che godono della proprietà P, ma un insieme può contenere ogni elemento (esistente), che goda della proprietà P.

In altre parole la proprietà P ha delle potenzialità definitorie di elementi che eccedono la possibilità di coesistenza degli stessi elementi. In particolare: se esiste l'elemento A, allora non esiste ØA.

A, cioè l'insieme di riferimento, rappresenta la massima possibilità di coesistenza di elementi di UrA ed anche la massima estensione non contraddittoria di P.

Esistono le seguenti relazioni:

1) $\cup$(UrA) = {a, b, c} = A
2) $\cap$ (UrA) = {Øa ; Øb ; Øc } = ØA

($\cup$X e $\cap$X sono rispettivamente gli operatori *unione generalizzata degli elementi degli insiemi di X* e *intersezione generalizzata degli elementi degli insiemi di X*, con significato intuitivo).

Le relazioni 1) e 2) esibiscono formalmente quanto detto in precedenza e cioè che A rappresenta la massima possibilità di coesistenza di elementi di insiemi di UrA.

TOTALITÁ FINITE E TOTALITÁ INFINITE

Un insieme infinito non può essere descritto mediante enumerazione dei suoi elementi e pertanto esso esiste in quanto esiste la legge che ci fornisce, uno ad uno e distintamente, i suoi elementi.

Una legge simile a quella che genera, uno ad uno, gli elementi dell'insieme infinito generato mediante l'assioma di infinità della teoria ZF, interpretabili come i ben noti numeri naturali (1, 2, 3, .., n), i cui elementi sono ovviamente numerabili, cioè possono essere contati, come quelli di qualsiasi insieme che vi corrisponda (esempio un ammontare di moneta) .

Notiamo che ogni elemento dell'insieme, cioè ogni numero naturale, è a sua volta un insieme.

Anche questo insieme ha il proprio insieme potenza, ed un fondamentale teorema di Cantor dimostra che gli elementi di questo insieme non sono numerabili (intuitivamente non si possono contare perché sono molti di più dei numeri).

Fatte queste premesse veniamo ai cosiddetti paradossi insiemistici, citandone solo uno perché ogni altro ha la forma di questo:

- Paradosso di Cantor: *Non può esistere **l'insieme di tutti gli insiemi**, poiché il suo insieme potenza avrebbe un maggior numero di elementi dello stesso, il che è evidentemente contraddittorio.*

Soluzione proposta del paradosso: *essere un insieme* è evidentemente una proprietà.

Ma è dubbio che possa essere una proprietà nel sistema ZF ove, a partire da Ø, l'insieme vuoto, ogni oggetto di ZF è un insieme. Se una proprietà non è definente, non è una proprietà.

Ben diversa è la situazione nell'interpretazione dell'insieme vuoto come di una mancanza relativa all'insieme di riferimento.

Definiamo **Inat**, cioè **insiemistica naturale**, il sistema in cui *l'insieme vuoto non è assolutamente vuoto, ma relativamente vuoto.* In tale interpretazione nell'insieme vuoto mancano tutti gli elementi dell'insieme di riferimento. Pertanto un tale insieme vuoto è diverso dall'insieme vuoto, che ha un altro insieme di riferimento.

Un tale insieme, vuoto rispetto ad un insieme di riferimento, fa parte dell'aggregato Ur, costruito con modalità note, a partire dallo stesso insieme di riferimento.

Un Ur è l'aggregato di tutte le possibili estensioni di una proprietà (come P nell'esempio precedente) e cioè l'aggregato che contiene tutti i sottoinsiemi dell'insieme di riferimento (come A nell'esempio precedente) e *inoltre contiene l'insieme vuoto*. Ricordiamo che *in Inat l'insieme vuoto non è sottoinsieme di alcun insieme*, ma è l'insieme complementare dell'insieme di riferimento. Pertanto solo Ur contiene l'insieme vuoto.

*Quindi in **Inat** non tutto è **insieme** poiché esistono gli **Ur**.*

Esistono anche gli individui, che sono elementi degli insiemi, ma abbiamo già chiarito che la differenza tra un insieme ed un elemento di insieme è relativa al contesto. Infatti gli insiemi possono ben essere elementi di altri insiemi. In breve elementi e insiemi non sono strutturalmente diversi. <u>Ma sono invece diversi gli insiemi e gli Ur</u>: **<u>infatti in nessun insieme e in tutti gli Ur c'è l'insieme vuoto.</u>**

Questa distinzione illumina l'opposizione strutturale tra *individui/insiemi* e *proprietà* di cui al capitolo undicesimo, al paragrafo "Struttura del linguaggio". **Infatti ciò che rende le proprietà diverse da ogni individuo/insieme è la capacità di catturare l'insieme vuoto.**

Inat, cioè *insiemistica naturale*, è, a nostro parere, il sistema insiemistico che naturalmente utilizzano gli esseri umani e probabilmente gli animali superiori, i nostri fratelli *quattromani* e *quattrozampe*.

Tornando al Paradosso di Cantor, la soluzione proposta in Inat è che *l'insieme di tutti gli insiemi*, poiché è una totalità della proprietà **P(I)** (cioè di essere insieme) equivale a **Ur(I)**, aggregato che non è un insieme e che sarebbe in corrispondenza biunivoca con l'insieme potenza del dominio di individui costituito dagli insiemi. Quest'ultimo è l'insieme di riferimento di **P(I),** cioè l'estensione della proprietà di **essere un insieme.**

Se *essere insieme* sia proprietà definente in ZF, cosa di cui dubitiamo.

Inoltre, dato che in Inat l'insieme vuoto cattura *ogni elemento mancante nell'insieme di riferimento*, si può ben prevedere che catturi anche *quelli solo potenzialmente mancanti dall'insieme di riferimento*. E poiché gli elementi potenzialmente mancanti possono ben essere infiniti, *allora ogni Ur è un aggregato potenzialmente non numerabile*. **Anzi, in Inat, solo gli Ur sono non numerabili, mentre ogni insieme, se infinito, è numerabile**.

Quindi nell'opposizione tra *individui/insiemi* e *proprietà* si manifesta, a nostro parere, la fondamentale opposizione tra *continuo* e *discontinuo*. Opposizione che, a nostro parere, è irriducibile.

L'argomento è affascinante e si può approfondire su *"Il discreto e il continuo" di* Willelm Kuyk, Boringhieri 1982.

APPENDICE

LETTURE CONSIGLIATE

Quelli che seguono sono semplici consigli per approfondire le materie trattate con letture rigorose ed accessibili, se vi è l'impegno del lettore. Non si tratta di romanzi e pertanto sono possibili letture parziali, al fine di comprendere quanto basta. Spesso gli autori danno indicazioni in tal senso. Naturalmente ogni opera è corredata da una ampia bibliografia.

1. Tullio Viola, *Introduzione alla teoria degli insiemi,* Torino, Boringhieri, 1965. È una guida che prende per mano il lettore profano e lo introduce nella teoria degli insiemi, nell'algebra, nell'analisi matematica e persino nella topologia. È preliminare alle altre letture e comunque basta da sola ad introdurre il lettore in un mondo nuovo.

2. Gabriele Lolli, *Dagli insiemi ai numeri,* Torino, Bollati Boringhieri, 1994 e *Guida alla teoria degli insiemi,* Milano, Springer, 2008. L'autore, tutt'ora in piena attività didattica alla Scuola Normale Superiore di Pisa, correda i suoi testi di ampi inquadramenti storici, di commenti, di note, di ipotesi e persino di qualche dubbio, in modo che il lettore comprenda che la teoria non è un algido e perfetto castello di cristallo, ma un edificio in costruzione, per quanto mirabile.

3. Lucio Lombardo-Radice, *Istituzioni di algebra astratta,* Milano, Feltrinelli, 1965. È un testo che difficilmente il lettore profano leggerà per intero, ma è sufficiente leggere i primi capitoli per comprendere la sorprendente generalità dell'algebra. Le note storiche sono interessanti.

4. Francesco Berto, *Teorie dell'assurdo,* Roma, Carocci, 2006. È un trattato sulle logiche dette *paraconsistenti,* che si sviluppano accettando violazioni del *principio di non contraddizione.* L'opera espone lo stato dell'arte a livello

80

mondiale e solo alla fine il punto di vista dell'autore. Vengono esaminati con profondità i paradossi semantici ed insiemistici: si tratta di opera godibile, per avvicinarsi ad un tema affascinante e moderno. Dello stesso autore: *Tutti pazzi per Gödel,* Laterza, Bari, 2008, che tratta del celebre "Teorema d'incompletezza" e sull'impatto che ebbe sulla logica e matematica e sulla cultura generale. Opera molto valida, argomento *squilibrante*, se affrontato seriamente!

5. Piergiorgio Odifreddi, *Il diavolo in cattedra,* Torino, Einaudi, 2003. È una godibile storia della logica e, simultaneamente, una buona lezione di logica, impartita da un autore sulfureo e divertente. *Le Menzogne di Ulisse,* Milano, TEA, 2006, tratta gli stessi temi del *Diavolo,* in modo più discorsivo. *C'era una volta un paradosso,* Torino, Einaudi, 2001, tratta di paradossi, non solo linguistici e di come il procedere della cultura li abbia talvolta normalizzati.

6. Lario Sinigaglia, *L'insieme vuoto Ø: la mente,* Roma, Armando, 2012 tratta della cosiddetta *Inat,* cioè *insiemistica naturale*, ritenuta dall'autore la naturale modalità di trattare gli insiemi. *La falce di Crono*, Roma, Armando, 2009, tratta dell'interazione dei valori umani, utilizzando il mito greco, che ne è espressione insuperata, secondo l'autore. Tali valori costituiscono le basi su cui si applica la razionalità (cioè *gli individui*), la precedono e sono detti per questo *irrazionali*.

Finito di stampare nel mese di Novembre 2013
per conto di Youcanprint *Self - Publishing*